CATALOGUE

DE

LIVRES RARES ET CURIEUX

LATINS, FRANÇAIS ET ITALIENS

PROVENANT

DE LA BIBLIOTHÈQUE DE M. L***

DONT LA VENTE AURA LIEU

*Le lundi 2 mars 1874, et les trois jours suivants
à 7 heures et demie du soir*

Rue des Bons-Enfants, 28 (maison Silvestre)

Par le ministère de M⁰ DELBERGUE-CORMONT, commissaire-priseur
Rue de Provence, 8

PARIS

ADOLPHE LABITTE

LIBRAIRE DE LA BIBLIOTHÈQUE NATIONALE
4, rue de Lille, 4

—

1874

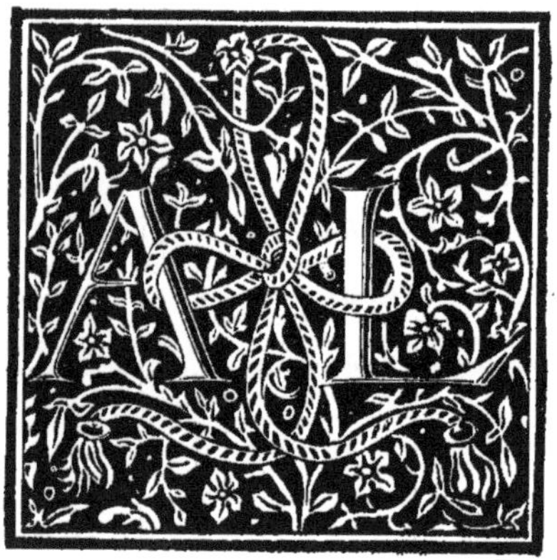

CATALOGUE

DES LIVRES

DE LA BIBLIOTHÈQUE DE M. L***.

ORDRE DES VACATIONS.

PREMIÈRE VACATION. — *Lundi 2 mars 1874.*

Nos 53 à 176.
1 à 52.

DEUXIÈME VACATION. — *Mardi 3 mars.*

177 à 301.
432 à 475.

TROISIÈME VACATION. — *Mercredi 4 mars.*

302 à 389.
594 à 691.

QUATRIÈME VACATION. — *Jeudi 5 mars.*

390 à 431.
476 à 593.

CONDITIONS DE LA VENTE.

La vente se fait au comptant.

Les réclamations devront être faites, au plus tard, dans les vingt-quatre heures qui suivront la dernière vacation. Passé ce délai, les articles adjugés ne seront repris pour aucune cause.

Les acquéreurs payeront 5 p. °/₀ en sus des enchères, applicables aux frais.

Il y aura, chaque jour de vente, de deux heures à quatre, exposition des livres qui seront vendus le soir.

Paris. — Typographie de Georges Chamerot, rue des Saints-Pères, 19.

CATALOGUE

DE

LIVRES RARES ET CURIEUX

LATINS, FRANÇAIS ET ITALIENS

PROVENANT

DE LA BIBLIOTHÈQUE DE M. L***

DONT LA VENTE AURA LIEU

Le lundi 2 mars 1874, et les trois jours suivants
à 7 heures et demie du soir

Rue des Bons-Enfants, 28 (maison Silvestre)

Par le ministère de Me Delbergue-Cormont, commissaire-priseur
Rue de Provence, 8

PARIS

ADOLPHE LABITTE

LIBRAIRE DE LA BIBLIOTHÈQUE NATIONALE
4, rue de Lille, 4

—

1874

CATALOGUE
DES LIVRES
DE LA BIBLIOTHÈQUE DE M. L***.

THÉOLOGIE.

1. BIBLIA. *Parisiis, ex officina Roberti Stephani*, 1540 (1538-39), 4 part. en 1 vol in-fol. mar. r. fil. (*Rel. anc.*)

Très-belle édition.

Ce volume, imprimé avec luxe, est orné d'un grand nombre de lettres fleuries à fond criblé, et de dix-huit belles gravures sur bois représentant le tabernacle de Moïse et le temple de Salomon. Ces figures, dont une (fol. 35) porte la marque de G. Tory, ont été exécutées sous la direction du célèbre professeur Fr. Vatable.

2. La Bible, qui est toute la saincte Escriture, à sçavoir le Vieil et le Nouveau Testament, de nouveau reveue, avec nouvelles annotations (par les pasteurs de Genève). *S. l. (Genève), par Nicolas Barbier et Th. Courteau*, 1559, in-8 à 2 col., bas. r. (*Rel. du temps.*)

3. Liber Genesis æreis formis a Crispin. Passæo expressus, versibusque tam latinis quam germanicis ornatus... explicatus per R. D. Guilielmum Salsmannum et S. Albani... *Clevie, apud Jacob a Biesen*, 1629, in-4, v. m.

Volume orné de 59 jolies figures de Crispin de Pas.

4. Psalterium Davidis. Pet. in-4, rel. en bois.

Manuscrit du commencement du quatorzième siècle sur vélin. avec lettres ornées. Incomplet de plusieurs feuillets.

5. Psalmorum Davidis et aliorum prophetarum libri quinque, argumentis et la tina paraphrasi illustrati... Theodoro Beza Vezelio auctore. *Genève*, 1579, pet. in-8, réglé, v. f. riches compart. dos orné, tr. dor. (*Rel. du* xvıe siècle, *fatigué.*)

Exemplaire ayant appartenu au poëte JACQUES POILLE, sieur de Saint-

Gratien, dont la signature se trouve sur le titre, avec quelques mots de sa main.

6. Psalterium Davidis ad exemplar Vaticanum. *Lugduni (Batav.), apud J. et D. Elsivirios,* 1653, pet. in-12, mar. v. tr. dos. (*Rel. anc.*)

Hauteur : 127 millim.

7. Novum Jesu Christi Testamentum. In-8, demi-rel. mar. viol.

Manuscrit du treizième siècle sur vélin, contenant 230 pages, d'une jolie écriture, fine et bien formée, avec 22 petites miniatures dans des initiales, représentant les quatre évangélistes et les apôtres, et un grand nombre de lettres ornées. Il est incomplet de trois feuillets.

7 *bis*. Novum Jesu Christi Testamentum, Vulgatæ editionis, Sixti V, Pont. Max., jussu recognitum atque editum. *Parisiis, Typog. regia,* 1649, 2 vol. in-12, titre gr., mar. r. fil. compart. tr. dor. (*Rel. anc.*]

Jolie édition.

8. Les Expositions des Evangilles en françois. *Cy finist les expositions des Evangilles en françoys, s. l. ni d.,* pet. in-fol. goth. à 2 col. fig. sur bois, sign. A. Kij., cart.

Édition précieuse, non décrite, ni même indiquée par M. Brunet ; elle a été imprimée à Lyon, de 1480 à 1485, avec les caractères de Guillaume le Roy. L'exemplaire, qui était relié avec le *Doctrinal de Sapience* de cet imprimeur, est malheureusement incomplet des deux premiers feuillets.

On sait que sous le titre : *les Expositions des Evangiles,* ce livre contient une très-ancienne traduction des sermons latins de Maurice de Sully, célèbre évêque de Paris au douzième siècle.

9. Parabole de l'Enfant prodigue et le Livre de Ruth, traduits pour la première fois en patois bourguignon, par C.-N. Amanton. *Dijon, Frantin,* 1831, in-8, br.

L'un des quatre exemplaires tirés sur papier citron, avec envoi d'auteur à Gabr. Peignot.

10. Liber salutationis divæ M. Virginis... (Hymnes à la louange de la Vierge Marie). In-4, rel. en bois, recouvert de parch.

Curieux manuscrit du quatorzième siècle, contenant 392 pages d'une belle écriture semi-gothique, très-lisible. C'est un recueil de nombreuses prières, hymnes à la Vierge, en latin, commençant toutes par Ave M. A la fin se trouvent quelques hymnes notées, de la même époque. Sur les marges, beaucoup de notes aussi d'une jolie et fine écriture, mais un peu différente de la première. Les grandes lettres sont en couleurs.

11. Concordantiæ sacrorum bibliorum Vulgatæ editionis. *S. l. n. d.* (vers 1617), gr. in-8, frontisp. gr. vél.

12. Notice sur une traduction de l'Ecriture sainte publiée au XVIIᵉ siècle et désignée ordinairement sous le titre de Bible

de Douai et Nouveau Testament de Reims (par G. Duplessis).
Douai, impr. de V. Adam, 1841, br. in-8. (*Tirée à 50 exemplaires.*)

13. Mémorial religieux et biblique, ou Choix de pensées
sur la religion et sur l'Ecriture sainte, par G. P. (Gabriel
Peignot). *Dijon, V. Lagier,* 1824, in-18, br.

14. BREVIARIUM. Pet. in-4, v. br.

Manuscrit du commencement du quinzième siècle sur vélin, enrichi de
35 petites miniatures, de plusieurs bordures, de grandes lettres ornées, et
d'un nombre infini de petites en or et en couleur.

15. GREGORIUS MAGNUS (S.). Moralia in Job. *S. l. n. d. (Basileæ, Berthold Roth,* circa 1470), in-fol. à 2 col. caract.
sem. goth. v. m.

Édition rare. Mais cet exemplaire est incomplet du premier feuillet, et la fin
est fortement mouillée.

16. Les Règles de la morale chrestienne, recueillies du Nouveau Testament, par saint Basile le Grand. *Paris, C. Sa-
vreux,* 1661, pet. in-12, mar. r. fil. tr. dor. (*Rel. anc.*)

17. ATHANASIUS (Theophylactus). Enarrationes in epistolas
S. Pauli, Christophoro de Persona interprete. *Romæ im-
pressum per Udalricum Gallum, alias Han Alamanum, anno
M CCCC LXXVII,* in-fol. demi-rel.

Première édition de cette version. Superbe exemplaire, grand de marges et
bien conservé.

18. Opus Anthonini archiepī florentini... de eruditione confes-
sor. (In fine :) *Per Conradum Fyner de Gerhuszen (Eslin-
gen,* circa 1474), pet. in-4, sem. goth. de 135 ff., initiales
en couleurs, rel. en bois recouv. de v. br. orn. à fr.

Édition rare. Bel exemplaire. *Manuel du Libr.,* tome Ier, col. 333, 7°.

19. Antonii Augustini, archiepiscopi Tarraconensis, dialogorum libri duo, de emendatione Gratiani, Steph. Balusius
emendavit et notis illustravit. *Parisiis, Fr. Müguet,* 1672,
in-8, v. ant. fil. tr. dor. (*Armes.*)

Avec un envoi autographe d'Étienne Baluze à l'*évéque de Montpellier.*

20. JOH. DUNS SCOT. Scriptum super primo sententiarum
editum a fratre Johanne Duns (Scot) doctore subtilissimo.
— Scriptum sup. secundo sentent., etc. — Scriptum sup.
tertio sent., etc. — Scriptum sup. quarto sent., etc. *Venetiis, Joannes de Colonia, Nicolaus Jenson et Socii,* 1481,
4 vol. in-4, demi-rel. dos et coins de mar. brun. (*Capé.*)

Bel exemplaire de cette édition rare. (*V.* Hain, n° 6418.)

21. Albertus Magnus de adherendo Deo. — Tractatulus de
remediis contra pusillanimitatem, scrupulositatem, contra

deceptorias inimici consolatiohes (*sic*) et subtiles eius temtaciones per Johannem Gerson... — Epistola Dom. Bonav. cardin. de modo proficiendi compendioso. Brevis et utilis doctrina juvenum : Dom. Bonav. card. *S. l. n. d.*, petit infol. goth. de 40 ff., titre orné et peint en or et en couleurs. demi-rel. dos et coins de mar. vert russe. (*Capé.*)

Volume fort rare, imprimé vers 1470 avec les caractères de Jo. Zainer, d'Ulm, selon Hain, n° 429.

22. Gerson (Joh.) Conclusiones de diversis materiis moralibus... *S. l. n. d.* Pet. in-4 de 38 ff. non chiffrés, caract. sem. goth. cart. (*Raccommodage au bord du titre.*)

Imprimé vers 1470, avec les caractères d'Ulrich Zell, de Cologne.

23. Antonii Rampigollis in figurarum fructuosum et utile compendium : quod et aureum alias Biblie repertorium nuncupatur. *S. l. d. a.*, in-fol. goth. à 2 col. de 98 feuillets, demi-rel. vél.

Bel exemplaire. Première édition, imprimée à Cologne par Ulrich Zell, vers 1470, et citée par Hain sous le n° 13,677.

24. Pauli Cortesii sacrarum litterarum, omniumque disciplinarum scientia summi viri, libri IIII. — Hieronymi Savonarolæ opera adjunximus, autorem eisdem penitus cruditionis ei spiritus dotibus præditum. *Basileæ, per Henricum Petrum,* 1540, in-fol. v. f. (*Rel. anc.*)

Ouvrages rares. Exemplaire bien conservé. Aux chiffres et armes du président de Ménars.

25. Traité des Superstitions selon l'Ecriture sainte, les décrets des conciles, et les sentimens des saints Pères et des théologiens, par M. J.-Bapt. Thiers. *Paris, Ant. Dezallier,* 1712, 3 vol. in-12. — Traité des Superstitions qui regardent les sacremens..., par le même. *Paris, J. de Nully,* 1704, in-12. — Ensemble 4 vol. in-12, v. gr.

26. Traitez du libre-arbitre et de la concupiscence, ouvrages posthumes de J.-B. Bossuet. *Paris, Barth. Alix,* 1731, in-12, v. gr. dos orné.

Édition originale.

27. LA FLEUR DES COMMANDEMENS DE DIEU. (Au recto du dernier feuillet:) Cy fine le livre intitule la Fleur des Commandemens de Dieu, avec plusieurs exemples extraites tant des escriptures sainctes que dautres docteurs et bons anciens Peres, lequel est moult utile à toutes gens. *Et a este nouvellement imprime à Rouen par Jean le Bourgois a linstance de Pierre Regnault, libraire de luniversite de Caen, lequel fut acheve le XXIe jour de juillet mil* cccc. *lxxxxvi (marque de*

J. le Bourgeois au verso du dernier feuillet). Pet. in-fol.
goth. vél.

ÉDITION RARISSIME.

Cet exemplaire, le seul connu, est celui de M. Al. le Prevost, qui a servi à
la description qu'en a donnée M. Brunet dans le *Manuel du Libraire,* II,
col. 1287. Il y manque malheureusement le titre, sans doute en une ligne, le
feuillet L, qui termine la première partie, et qui d'après la table doit être
blanc, et le feuillet Rviij.

C'est l'édition la plus ancienne de ce livre curieux, rempli d'histoires mi-
raculeuses racontées fort naïvement, et dont plusieurs sont des plus singulières, pour ne pas dire facétieuses.

28. LETTRES ESCRITES A UN PROVINCIAL, par un de ses amis
(et aux RR. PP. Jésuites, sur la morale et la politique de
ces Pères, par Bl. Pascal). *S. l.* (1656-1657), en 1 vol. in-4,
v. gr. compart.

Édition originale des *Lettres provinciales,* publiées séparément au nombre
de dix-huit, et réunies ici sans le titre qu'on y a ajouté plus tard. On y a
joint plusieurs pièces intéressantes sur la querelle entre les jansénistes et les
casuistes, entre autres : *l'Apologie pour les Casuistes contre les calomnies
des jansénistes...* Paris, 1659. — Et les *Censures* de cette pièce fameuse, par
les archevêques et évêques de Paris, Rouen, Angers, Seez, Evreux, Beau-
vais, etc... — Ainsi que diverses *Censures* de la faculté de théologie de Paris, et les diverses pièces et factums des *Curez de Paris,* sur le même sujet.

29. Les Provinciales, ou les Lettres escrites par Louis de Mon-
talte (Bl. Pascal) à un provincial de ses amis et aux RR.
PP. Jésuites, avec la Théologie morale desdits Pères et
nouveaux casuistes. *Cologne, Nic. Schoute,* 1659, 5 part. en
1 gros vol. in-8, vél.

Édition peu commune, imprimée par les Elsevier.

30. Essais de morale, par P. Nicole. *Paris, G. Desprez,* 1716-
1723, 20 vol. in-12, mar. r. fil. tr. dor. (*Rel. anc.*)

Savoir : Essais de morale. *Paris,* 1723, 13 vol. — Instructions sur l'Oraison dominicale. *Paris,* 1718, 1 vol. — Symbole. *Paris,* 1716, 2 vol. — Dé-
calogue. *Paris,* 1723, 2 vol. — Sacrements. *Paris,* 1719. 2 vol.

31. Johannis Gersen, abbatis S. Stephani Vercellensis, de
Imitatione Christi lib. iv. *Lutetiæ Parisiorum,* 1674, in-8,
mar. noir, compart. tr. dor. (*Rel. anc.*)

32. L'Imitation de Jésus-Christ, traduite et paraphrasée en
vers françois, par P. Corneille, *Bruxelles, Fr. Foppens,*
1665, in-12, fig. vél. (*Légère piqûre de vers dans la marge.*)

Jolie édition. A la suite se trouvent reliées les *Louanges de la sainte
Vierge, traduites et paraphrasées en vers françois par Pierre Corneille.* Sur
l'imprimé à Paris (Bruxelles, Foppens). Se vend à Lille, 1665, in-12, fig.

33. Dissertation sur soixante traductions de l'Imitation de
Jésus-Christ, par Ant.-Alex. Barbier. *Paris, Lefèvre,* 1812,
in-12, br.

34 Navicula penitentie per Joannem (Geyler) Keyerspergium
Argentinensium concionatorem predicata, a Jac. Otthero

collecta. *Augustæ Vindelicorum*, 1511, in-fol., goth. à 2 col., fig. sur bois, demi-rel. vél.

Sur le titre, une figure sur bois représentant un navire chargé de pénitents.

35. Les Vrays Entretiens spirituels du bien-heureux François de Sales... *Tournay, impr. d'Ad. Quinqué*, 1630, petit in-12, vél.

36. Speculum artis bene moriendi, de temptationibus, penis infernalibus, interrogationibus agonisantium, et variis orationibus pro illorum salute faciendis. *S. l. n. a.*, pet. in-4, goth. de 16 ff. fig. en bois sur le titre, cart.

36 *bis*. Exercice divin, ou Pratique de la conformité de nostre volonté à celle de Dieu, par R. M. M. B. B. (Rév. mère, Marie de Beauvilliers). *Paris, F. Dehors*, 1631, pet, in-12, mar. noir.

L'auteur de ce petit ouvrage est la célèbre Marie de Beauvilliers, abbesse de Montmartre, une des maîtresses de Henri IV.

37. Méditation chrestienne de la mort, servant d'instruction à amandement de vie, sur les paroles de Moyse, tirées du pseau. 90. vers 12..., par Franc. Lansbergue, et trad. de flamen en françoys, par Jean de la Haye. *A Rotterdam, chez Jean Waesbergue*, 1610, pet. in-16, vél.

37 *bis*. Catéchisme de la tonsure, dans lequel on traite des principaux devoirs des ecclésiastiques. *Au Puy (en Velay)*, 1706, pet. in-12, bas.

38. Conférence avec M. Claude, ministre de Charenton, sur la matière de l'Eglise, par Bossuet. *Paris, Séb. Mabre-Cramoisy*, 1682, in-12, v. br.

Edition originale.

39. L'Esprit de M. Arnauld, tiré de sa conduite et des écrits de luy et de ses disciples, particulièrement de l'apologie pour les catholiques (par Jurieu). *A Deventer, chez les héritiers de Jean Colombius*, 1684, 2 vol. in-12, v. gr. fil.

Aux armes de BALZAC D'ENTRAGUES.

40. Traité des Reliques, ou Advertissement très utile du grand profit qui reviendroit à la chrestienté, s'il se faisoit inventaire de tous les corps saints et reliques qui sont tant en Italie qu'en France, Allemagne et autres pays, par J. Calvin. *Genève, P. de la Rovère*, 1601, in-16, vél.

Exemplaire bien conservé.

41. Monumens authentiques de la religion des Grecs et de la fausseté de plusieurs confessions de foi des chrétiens orientaux, produites contre les théologiens réformez..., par le sieur J. Aymon. *La Haye, Charles Delo*, 1708, in-4, parch.

41 *bis*. Sermons de B. Ochin. — Fin des vingt et deux sermons sur le moyen de monter au ciel. *S. l.*, 1561, in-8, vél.
Volume rare.

42. Les Preuves demandées par le sieur du Moulin, ministre
de Charenton, touchant le fondement, saincteté et fermeté
de l'Eglise catholique, apostolique et romaine (par Honorat
de Meynier). *Paris, Nicolas Rousset*, 1618, in-8, non rel.
Livre rare.

43. Polygama triumphatrix, id est discursus politicus de po-
lygamia, auctore Theophilo Aletheo (J. Lysero), cum notis
Athanasii Vincentii... *Londini Scanorum, sumtibus authoris*,
1682, jn-4, v. f. dos orné. (*Rel. du temps*.)
On trouve sur ce livre un article curieux dans la bibliothèque de D. Clément (I, 170-175).

44. Pantheisticon, ou Formule pour célébrer une société so-
cratique. *S. l. n. d.*, in-4, v. f. dos orné.
Manuscrit d'une bonne écriture de la fin du dix-huitième siècle, contenant
112 pages.

45. L'Alcoran de Mahomet, translaté d'arabe en françois, par
le sieur Du Ryer. *Suivant la copie impr. à Paris, chez Ant.
de Sommaville (Leyde, les Elzev.)*, 1649, pet. in-12, vél.
Bonne édition sous cette date.

46. L'Alcoran de Mahomet, traduit d'arabe en françois, par
le sieur Du Ryer. *La Haye, Adr. Moetjens*, 1683, pet. in-12,
frontisp. gr., vél.

JURISPRUDENCE.

47. De l'Esprit des lois, ou du rapport que les lois doivent
avoir avec la constitution de chaque gouvernement, les
mœurs, le climat, la religion, etc... (par Montesquieu).
Genève, Barillot (1748), 2 vol. in-4, vél.
Édition originale. Exemplaire de premier tirage.

48. Œuvres de Montesquieu. De l'Esprit des lois. *Londres*,
1787, 4 vol. in-18, portr. cart. non rog.
Exemplaire contenant de nombreuses notes autographes de M. le comte de
Ségur d'Aguesseau. Ces longues notes sont écrites sur des feuillets de papier
blanc, dont les quatre volumes sont interfoliés.

49. CORPUS JURIS CIVILIS... cum notis Dionysii Gothofredi, opera et studio Simonis Van Leeuwen. *Amstelodami, apud Joan. Blaeu, Ludov. et Danielem Elzevirios*, 1663, 2 part. en 1 vol. in-fol., frontisp. grav. par van Dalen, v. ant. fil.
Bel exemplaire.

50. Tractatus de censis (censuris) ecclesiasticis compositus per ven. virum (Antonnium), archiesp. Florentinum. In-fol. à 2 col., demi-rel. bas.
Manuscrit italien du quinzième siècle, sur vélin, 1o3 feuillets. En tête se trouve l'ouvrage du canoniste J. Andrée sur les Décrétales, 129 ff.

51. Histoire des Perruques, où l'on fait voir leur origine, leur usage, leur forme, l'abus et l'irrégularité de celles des ecclésiastiques, par M. Jein-Bapt. Thiers... curé de Champrond. *Avignon, Louis Chambeau*, 1777, in-12, cart. n. r.

52. La Police royale sur les personnes et choses ecclésiastiques... par Jaques du Hamel. *Paris, Jean Berjon*, 1612, in-8, parch.

SCIENCES ET ARTS.

---

53. Œuvres philosophiques de M. Victor Cousin. *Paris, Didier*, 1857-1865, 9 vol. in-8, demi-rel. mar. v. n. r. et br.
Introduction à l'Histoire de la philosophie. *Paris*, 1861, 1 vol. — Histoire générale de la philosophie. *Paris*, 1861, 1 vol. — Philosophie de Locke, 1861, 1 vol. — Philosophie écossaise, 1857, 1 vol. — Philosophie sensualiste au xviiie siècle, 1856, 1 vol. — Philosophie de Kant, 1857, 1 vol. — Premiers essais de philosophie, 1862, 1 vol.—Fragments philosophiques. 1865, 2 vol. br.

54. Characterum ethicorum Theophrasti Eresii capita duo... gr. edidit, lat. vertit et adnotationibus illustr. Johannes Christoph. Amadutius. *Parmæ, ex regio typographeo (Bodoni)*, 1786, in-4, pap. fort, portr. demi-rel. v. f.

55. Nouvelles Réflexions ou Sentences et Maximes morales, seconde partie (par le duc de la Rochefoucauld). *Paris, Cl. Barbin*, 1678, in-12, vél.
Partie rare, qui rend la quatrième édition aussi complète que la cinquième et dernière donnée par la Rochefoucauld.

56. Les Jours et les Nuicts du sieur de la Fontan, où sont traictez plusieurs beaux discours et epistres consolatoires. — Le Triomphe de l'âme sur la sensualité, par le même. *Paris, Ch. Sevestrè*, 1606, 2 part. en 1 vol. in-12, vél.
On trouve, dans la première partie du volume, un discours pour la maré-

chale de Fervaques sur la mort du comte de Laval, son fils, tué en Hongrie,
et un autre à madame de Courtenay sur la mort de son fils.

57. De la Délicatesse (par l'abbé de Villars). *Amsterdam,
    Jacques le Jeune, 1672, suiv. la cop. imp. à Paris,* pet.
    in-12, vél.

58. Le Galatéc, composé en italien par J. de la Case, et depuis
    mis en françois, latin et espagnol, traité très-utile pour bien
    dresser une jeunesse. *S. l. (Genève), par Jean de Tournes,*
    1598, in-16, parch., plats ornés.

    Petit livre rare, dont la partie française est imprimée en caractères de civi-
    lité. Cette traduction française est sans doute de Jean de Tournes, qui, dans
    son épître dédicatoire, l'appelle : « *Ceste mienne édition et version fran-
    çoise...* »

59. Le Corps politique, ou les Éléments de la loy morale et
    civile, avec des réflexions sur la loy de nature, sur les ser-
    mens, les pacts et les diverses sortes de gouvernemens...
    par Thomas Hobbes. *Leide, Jean et Dan. Elsevier,* 1653,
    pet. in-12, vél.

60. Le Mirouer des princes, composé par maistre Martin Ra-
    vault. *S. l. n. d.* (marque de *de Marnef* sur le titre). Pet.
    in-8, goth., 39 ff. demi-rel. (*Incomplet à la fin.*)

    Non indiqué par M. Brunet.

61. Du Droit des magistrats sur leurs subjets... publié par
    ceux de Magdebourg l'an MDL, et maintenant augmenté...
    S. l., 1578, pet. in-8 de 69 p., non rel. (*Rare.*)

62. Pietra del paragone politico di Trajano Boccalini, con
    una aggiunta dell'istesso. *Cosmopoli (Amst., Elzev.),* 1671,
    tr. pet. in-16, frontisp. gr., 8 figures de Rom. de Hooghe
    et autres, br. non rog. ni coupé.

    Satire contre les Espagnols.

63. LAMARTINE. Discours sur l'abolition de la peine de mort,
    prononcé dans la séance de la Société de la morale chré-
    tienne tenue à l'Hôtel de Ville, le 17 avril 1837. 26 pages.
    — Discours sur les enfants trouvés, par le même. 27 pages.
    — Discours prononcé à la réunion des députés de la majo-
    rité. 18 pages ; — en 1 vol. in-4, demi-rel. v. ant.

    Manuscrits autographes.

64. Les Paradoxes du seigneur de Malestroict, conseiller du
    roy, sur le faict des Monnoyes. *Paris, impr. de Vascosan,*
    1566, in-8, cart.

65. Le Favory de court, contenant plusieurs advertissements
    et bonnes doctrines pour les favoris des princes, etc., tra-
    duict d'espagnol en françoys par Jaques de Rochemore.
    Lyon, Guillaume Rouille, 1556, in-8, v. m. fil.

    Même ouvrage que le *Mépris de la cour* d'Ant. de Guévare. La traduction faite sous ce dernier titre par Ant. d'Alègre est beaucoup moins rare que celle de J. de Rochemore.

66. Aristippe ou de la Cour, par M. de Balzac. *Leide, Jean Elsevier*, 1658, pet. in-12, frontisp. gr. demi-rel. v. r.

67. Deux Discours de la nature du Monde et de ses parties, le premier traittant des choses matérielles, et le second des intellectuelles, par Pontus de Tyard, seigneur de Bissy. *Paris, Mamert Patisson*, 1578, in-4, non rel. *(Mouillure.)* — Discours du temps, de l'an et de ses parties, par Pontus de Tyard. *Paris, Mamert Patisson*, 1578, in-4, non rel.

68. C. Plinii Secundi Historiæ naturalis libri XXXVII. *Lugduni Batav., ex offic. Elzeviriana*, 1635, 3 vol. pet. in-12, vél.

69. Edicts, ordonnances, arrests et règlemens, sur le faict, ordre et police des mines et minières de France, depuis le roy Charles VI jusques à Louis XIII... *Paris, Pierre Charpentier*, 1631. — La Restitution de Pluton à Monseigneur le cardinal de Richelieu, des mines et minières de France cachées et détenues jusques à présent au ventre de la terre... par Martine de Bertereau, dame et barone de Beausoleil. *Paris, Hervé du Mesnil*, 1640, en 1 vol. pet. in-8, v. m.

Ouvrages rares. A la fin de ce volume se trouve un manuscrit du temps, en deux parties, ayant pour titre : *Mines que jay descouvertes pendant les années* 1664, 65 et 66, *qui ne sont point nommées dans le livre du baron de Beau-Soleil.* BARBES. — *Mémoire sur les mines faict par le sieur Barbes en* 1665 *et* 1666. — *Observations faites par le s^r Barbes sur les escripts de divers autheurs concernant la génération des matières métalliques dans les entrailles de la terre...,* 1669.
Ce manuscrit contient 75 pages.

70. Mémoire présenté à S. A. R. M. le duc d'Orléans, régent de France, concernant la précieuse plante du gin-seng de Tartarie, découverte en Amérique par le Père Joseph-François Lafitau. *Montréal,* 1858, in-8, br.

71. ALBERTUS MAGNUS. Opus de animalibus. (In fine :) *Finit feliciter opus.... et impressum Mantue per Paulum Johànis de Butschbach.... sub anno dni Millesimo quadringentessimo septuagesimo nono* (1479)...., in-fol à 2 col. sem.-goth. rel. en bois, recouvert de peau de truie.

Édition rare et très-belle. Cet exemplaire a quelques piqûres de vers.

72. Des Satyres, brutes, monstres et démons, de leur nature et de leur adoration, contre l'opinion de ceux qui ont estimé les satyres estre une espèce d'hommes distincts et séparez des Adamicques... par F. Hédelin. *Paris, Nic. Buon,* 1627, in-8, v. m.

Livre rare.

73. Histoire merveilleuse et espouventable d'un monstre en-
gendré dans le corps d'un homme nommé Ferdinand de la
Febve, au marquisat de la Cenete en Espagne.... *Paris,
chez Thibault du Val*, 1622, pet. in-8 de 12 pages, cart.

Plaquette rare et curieuse.

74. Discours d'Ambroise Paré, conseiller et premier chirurgien du Roy, asçavoir : de la Mumie, de la Licorne, des
venins et de la peste. *Paris, Gabr. Buon*, 1582, in-4, beau
portr. et fig. gr. sur bois, vél.

Édition rare. Cet exemplaire est mouillé, et le bas du titre en a été
enlevé jusqu'à la date.

75. Le Gouvernement nécessaire à chacun pour vivre longue-
ment en santé.... par Nicolas Abraham, sieur de la Fram-
boisière. *Paris, Mich. Sonnius*, 1600, in-8, réglé, portr. gr.
par Th. de Leu, v. f. fil. tr. dor. (*Rel. du temps.*)

76. Nuova Prattica della decoratoria manuale, et della sagnia;
l'una a barbieri, et l'altra a chirugici, divisa in libri tre....
opera composta da Tiberio Malfi da Monte Sarchio.... *In
Napoli, appr. Ottav. Beltrano*, 1629, in-4, fig. et portr., vél.

Livre rare, orné d'un assez grand nombre de figures curieuses parmi lesquelles on remarque les portraits de huit barbiers célèbres.

77. Isaaci Newton Opuscula mathematica, philosophica et
philologica, collegit J. Castillioneus. *Lausannæ*, 1744, 3 vol.
in-4, demi-rel. dos et coins de mar. r. tr. sup. dor. non
rog. (*Niedrée.*)

Bel exemplaire; peu commun dans cet état.

78. LIBRO DE ABACHO (Qui comēza la nobel opera de arithme-
ticha... fatta et compilata per Piero Borgi da Venesia).
Impressa in Venetia per Zuane Baptista Sessa, 1501, in-4,
lettres rom. cart.

Livre rare. Cet exemplaire a des piqûres de vers, des mouillures, et
une déchirure enlevant quelques mots de texte au milieu du troisième
feuillet.

79. Arithmeticæ practicæ methodus facilis, per Gemmam
Frisium.... huc accesserunt Jacobi Peletarii Cænomani an-
notationes : ejusdem item de fractionibus astronomicis.....
Parisiis, apud Hieron. de Marnef et Guliel. Cavellat, 1572,
in-8, cart.

80. Practique briefve pour cyfrer et tenir livres de compte
touchant le principal train de marchandise, P. M. Valentin
Mennher de Kempten. *Bruxelles*, 1550, pet. in-8, sem.-goth.
non rel.

Rare. Quelques raccommodages.

81. Astronomie physique, par M. le comte de Boulainviller (*sic*). *S. d.*, 2 vol. in-4, v. f. (*Aux armes du comte de Toulouse sur le 1ᵉʳ volume.*)

Manuscrit d'une bonne écriture, contenant 187 et 193 feuillets. Cet ouvrage, resté inédit, provient de la bibliothèque du roi Louis-Philippe.

82. Le Parfait Capitaine, autrement l'Abrégé des guerres de Gaule, des Commentaires de César, avec quelques remarques sur icelles. Reveu par l'autheur (H. de Rohan), et augmenté d'un traicté : de l'intérest des princes et estats de la chrestienté (par le même). *Paris, Aug. Courbé*, 1638, 2 part. en 1 vol. in-4, frontisp. gr. parch.

83. Johannis Reuchlin de Arte cabalistica libri tres Leoni X dedicati. *Hagenau, apud Thomam Anshelmum*, 1517, in-fol. rel. en bois.

84. Johannis Reuchlin liber de Verbo mirifico. *Tubingæ, Thom. Anshelmus Badensis*, 1514, in-fol. cart.

85. Examen et Discussion critique de l'Histoire des Diables de Loudun, de la possession des religieuses ursulines, et de la condamnation d'Urbain Grandier, par M. de la Menardaye. *Paris, de Bure*, 1747, in-12, br. non rog.

86. Cœlum philosophorum, seu de secretis naturæ liber, Philippo Ulstadio, patricio Nierenbergensi, authore. *Argentorati, Joan. Grienynger*, 1528, pet. in-fol. demi-rel. dos et coins de mar. brun. (*Capé.*)

Volume curieux, rempli de figures sur bois. Belles marges.

87. La Calligraphie, ou belle écriture de la lettre grecque, par Guillaume le Gangneur, Angevin. *S. l. n. d.* (*Paris*, 1599), in-4 obl. de 10 feuillets, cart.

D'après la description de M. Brunet, il manque à cet exemplaire le portrait et trois planches d'écriture. Le titre est remonté.

88. La Rizographie, ou les sources, élémens et perfeccions de l'écriture italienne, par G. Le Gangneur, Angevin. *S. l.*, 1599, in-4 obl., joli frontisp. gr., 31 planches, cart. (*Le coin d'un feuillet est refait.*)

89. Trattegiato da penna.... da Franc. Pisani. *Genova* (vers 1640), in-fol. obl. vél.

Recueil de 25 planches curieuses et d'une exécution remarquable, représentant divers sujets riches et variés, des hommes, des chevaux, des oiseaux, des armes, etc..., dessinés et gravés au trait calligraphique.

90. Ouvrage fait à la plume, par Hubert Lemoine, instituteur au Quesnoy. 1835, gr. in-fol. demi-rel.

Recueil de 24 feuillets calligraphiés, contenant toutes les différentes sortes d'écritures, avec un grand portrait de Louis-Philippe, divers autres petits portraits, des oiseaux, des animaux, des ornements, le tout exécuté à la plume avec assez d'habileté. Cet ouvrage est dédié à la famille royale.

91. Essai sur l'Idéal dans ses applications pratiques aux œuvres de l'imitation propre des arts du dessin, par M. Quatremère de Quincy. *Paris, Adr. Le Clere*, 1837, gr. in-8, br.

92. Le Cabinet de l'amateur, par M. Eugène Piot. Années 1861 et 1862. *Paris, F. Didot*, 1863, in-4, fig., br.
Exemplaire en grand papier vergé.

93. Catalogue raisonné des différents objets de curiosités dans les sciences et dans les arts, qui composaient le cabinet de feu M. Mariette.... par F. Basan, graveur. *Paris, chez G. Desprez*, 1775, in-8, frontisp. et fig., cart.
Avec les prix d'adjudication à la main.

94. Catalogue des estampes de J.-Adam de Bartsch..... membre de l'Académie des beaux-arts de Vienne, par Fréd. de Bartsch. *Vienne, de l'impr. d'Ant. Pichler*, 1818, in-8, portr. gr. br.

95. Le Peintre amateur et curieux, ou description générale des tableaux des plus habiles maîtres, qui font l'ornement des églises, couvents... et cabinets particuliers dans l'étendue des Pays-Bas, par G.-P. Mensaert. *Bruxelles, P. de Bast*, 1763, 2 part. en 1 vol. pet. in-8, frontisp. gr., v. m.

96. The celebrated Hans Holbein's Alphabet of Death, illustrated with old borders engraved od wood with latin sentences and english quatrains, selected by Anatole de Montaiglon. *Paris, Ed. Tross*, 1856, in-8, cart.
Exemplaire imprimé sur PAPIER DE CHINE.

97. Habiti antichi, overo raccolta di figure delineate dal gran Titiano, e da Cesare Vecellio suo fratello, diligentemente intagliate. *In Venetia, per Combi, et La Nou* (al fine :) *appresso Capo Francesco Bodio*, 1664, in-8, 415 fig. sur bois, parch.
Troisième édition.

98. Énéide. Suite de compositions de Girodet, lithographiées d'après ses dessins par MM. Aubry-Lecomte, Châtillon, Counis, Coupin, etc... ses élèves, publiée par M. Pannetier. *Paris*, 1825, in-fol. portr. et nombr. fig. au trait, demi-rel. mar. n.
A la fin se trouvent quatre figures de Girodet pour les *Géorgiques*.

99. Delille. Suite de quatre vignettes avant la lettre d'après Moreau, pour l'Enéide trad. par Delille. Format pet. in-4.

100. Suite de six figures de Moreau et d'un portrait par Saint-Aubin pour les œuvres de Boileau. Epreuves avant la lettre, in-8.

101. Sept Vignettes ou portraits, par V. Adam et autres, avant la lettre, dont deux sur chine, l'eau-forte d'un portrait

pour les œuvres de Louis Racine. — Cinq petites vignettes in-18, avec la lettre.

102. Suite de dix vignettes, par Johannot, et deux portraits de Virgile et Milton, pour les œuvres de Delille, édition de 1832. Epreuves in-fol. avant la lettre sur papier de Chine.

103. Sept Vignettes d'après Gravelot, pour les comédies de Térence. Tirées in-8.

104. Suite de onze vignettes gravées en partie, d'après les dessins de Girodet, Gérard, etc., pour le Racine de Didot, et en partie d'après les dessins de Desenne, épreuves avant la lettre tirées de format in-4.

105. Suite de treize figures d'après Desenne, pour les œuvres de Regnard. *Paris, P. Dufart*, 1828. Epreuves sur papier de Chine, avant la lettre, tirées in-fol. avec les eaux-fortes sur le même papier (2 *exemplaires*.)

— Les mêmes sur papier de Chine avant la lettre et eaux-fortes, in-4.

— Les mêmes, sur papier ordinaire avant la lettre.

106. Suite de douze vignettes de Lefebvre, avant la lettre, avec les douze eaux-fortes, pour *Olivier*, poëme de Cazotte. In-18, tirées in-8.

107. Cervantès. Suite complète des vingt-quatre charmantes vignettes anglaises, pour Don Quichotte, exécutées par Charles Heath, d'après les dessins de Richard Westall, épreuves avant toutes lettres sur papier de Chine, montées sur pap. vél. gr. in-4, dans un carton.

108. Suite de douze figures, de Moreau, pour Tom Jones de Fielding, traduction de M. de la Bédoyère. In-8 tirées in-4. Épreuves avant la lettre.

109. Illustri fatti Farnesiani coloriti nel Real Palazzo di Caprarola da i fratelli Taddeo Federici e Ottaviano Zuccari... disegnati e coll' acqua forte incisi in rame da Giorgio Gasparo de Prenner.. ... *In Roma,* nel 1748, in-fol., portr. et 37 planches gravées, 4 plans et vues, cart. non rog. Très-belles planches en bonnes épreuves

110. Des Décorations funèbres, où il est amplement traité des tentures, lumières, mausolées, catafalques, inscriptions et autres ornements funèbres..... par le P. C.-F. Menestrier. *Paris, J.-B. de La Caille*, 1683, in-8, fig. sur bois dans le texte, v. gr.

111. Histoire générale de la musique et de la danse, par J.-Adr. de la Fage. Antiquité. *Paris*, 1844, 2 vol. in-8, br.

et atlas in-fol., 36 pages de musique et **28 pl.** gravées au
trait.

112. Chorégraphie, ou l'Art de décrire la danse par caractères, figures et signes démonstratifs... par M. Feuillet.
Paris, Mich. Brunet, 1701, in-4, nombr. fig., v. br.

113. Hieronymi Mercurialis de arte gymnastica libri sex.....
Venetiis, apud Juntas, 1573, in-4, nombr. et belles fig sur
bois, bas. marb.

114. Trattato del debito del cavalliero, di Pomponio Torelli,
conte di Montechiarugolo. *In Parma, nella stamp. di
Erasmo Viotti,* 1596, in-4, vignette au commencement et
grandes initiales ornées de fig. sur bois, vél.

115. Le Parfait Cocher, ou l'Art de conduire un équipage à
Paris et en campagne.... (par le duc de Nevers, publié par
La Chenaye des Bois). *Paris, F.-G. Merigot,* 1744, in-12,
br. non rog.

116. Ein vast schönes und nützliches Buech von der Rosz-
arzt, so aus vielen Kunstbüneichern von allerby frembden
und teutscher Sprach.... durch mangen Leutern.... *Augs-
purg, Mich. Manger,* 1588, in-4, goth. demi-rel., dos et
coins de mar., br. tr. dor.

Traité curieux sur l'art vétérinaire.

117. Libro da imparare giocare a scachi : et de bellissimi
partiti : revisti et recorretti, con somma diligentia emen-
dati, da molti famosissimi giocatori... (Al fine :) composto
per Damiano Portughese. *S. l. n. d.* Pet. in-8 de 64 feuillets,
caract. rom., fig. sur bois. demi-rel. (*Titre remmargé en
tête.*)

BELLES-LETTRES.

—

1. LINGUISTIQUE.

118. Ludov. Capelli diatriba, de veris et antiquis Ebræorum
literis, opposita D. Joh. Buxtorfii.... item Joh. Scaligeri,
adversus ejusdem reprehensiones defensio. *Amstelodami,
apud Ludov. Elzevirium,* 1645, pet. in-12, v. f. fil. dos
orné, tr. dor. (*Capé.*)

119. M. Van ab Helmont. Alphabeta natur. hebraici deli-
neatio, quæ methodum suppeditat, juxta quam qui surdi
nati sunt sic informari possunt, ut non alios saltem loquen-
tes intelligant, sed ipsi ad sermonis usum perveniant.
Sulzbaci, 1657, pet. in-12, frontisp. et fig. cart.

Petit livre rare et curieux, orné de 36 planches séparées du texte.

120. Hesychii Dictionarium (græce, cum præfatione Ant.
Francini). In fine : *Florentiæ per heredes Philippi Juntæ,*
1520, in-fol. à 2 col. mar. r. fil, dos orné, tr. dor. (*Bonne
rel. anc.*)

Bel exemplaire. Le titre et la marque de l'imprimeur, qui se trouvent au
verso du premier feuillet, sont ici découpés et collés sur un feuillet blanc.

121. Prisciani Grammatici cæsariensis libri omnes. Rufini.
item de metris comicis et oratoriis numeris. *Venetiis in
ædibus Aldi et Andreæ Asulani soceri....* 1527, pet. in-4,
v. r. orn. à fr.

Exemplaire bien conservé.

122. Dictionarium grammaticum latinum. Gr. in-4, rel. en
bois.

Manuscrit du treizième siècle sur vélin; 241 feuillets à deux colonnes.
Belle écriture. Grandes initiales en couleur.
La date de ce manuscrit (1274) se trouve au bas de l'avant-dernier feuillet.
Ce dictionnaire contient une nomenclature très-étendue des mots dérivés
des principaux verbes de la langue latine, avec des explications sur le sens de
chacun d'eux.
L'auteur, *Huguitio, Euguitio* ou *Uguitio* de Verceil, mourut en 1212. Il
se nomme lui-même dans la première page du manuscrit, et il y dit qu'il était
originaire de Pise.

123. Dictionnaire diplomatique, ou étymologies des termes
des bas siècles, pour servir à l'intelligence des archives,
chartres, etc... par M. Montignot. *Nancy, impr. de C.-S.
Lamort,* 1787, in-8, br.

124. Project du Livre intitulé de la précellence du langage
françois, par Henri Estienne (*sic*). *Paris, Mamert Patisson,*
1579, in-8, v. m. (*Mouillures et quelques taches.*)

124 *bis*. J. Perionii Dialogorum de linguæ Gallicæ origine.
Parisiis, Seb. Nivelle, 1555, in-8, vél.

125. Dictionnaire françois, contenant les mots et les choses,
plusieurs remarques sur la langue françoise, ses expressions
propres, figurées et burlesques, la prononciation... par P.
Richelet. *Genève, Jean Herman Widerhold,* 1679-1680,
2 vol. in-4, v. br.

Première édition, recherchée. Quelques mouillures et piqûres de vers.

126. Glossaire érotique de la langue française, depuis son
origine jusqu'à nos jours, contenant l'explication de tous

les mots consacrés à l'amour, par Louis de Landes. *Bruxelles*, 1861, pet. in-8 br. (*Rare.*)

127. Dictionnaire critique des locutions et des alliances de mots introduites dans la langue française par Jean Racine. *S. l. (Paris)*, 1844, in-8, br.

128. Histoire littéraire, philologique et bibliographique des patois, par Pierquin de Gembloux. *Paris, Techener*, 1841, in-8, br.

129. Rapport (à la Convention nationale) sur la nécessité et les moyens d'anéantir le patois et d'universaliser l'usage de la langue française, par Grégoire.... suivi du décret de la Convention.... (*Paris*), *Impr. nationale*, 16 prairial an II, br. in-8.

130. Grammaire françoise-celtique ou françoise-bretonne.... par le P. F. Grégoire de Rostrenen. *Rennes, Julien Vatar*, 1738, in-8, v. gr.

131. Vocabulaire nouveau, ou Colloques français et bretons. *Quimper, de l'impr. d'Y. J. L. Derrien, s. d.* (vers 1810), pet. in-8, non rel. — Nouveau Dictionnaire, ou Colloques français et bretons à l'usage des diocèses de Tréguier et de Léon. *Morlaix*, 1781, pet. in-8, cart.

131 *bis.* Trattato dei bianti ovver pittochi, e vagabondi (col modo nuovo da intendere la lingua zerga, cioè parlar furbesco). *Italia*, 1828, in-12, br.

132. A Dictionarie of the french and english tongues, compiled by Randle Cotgrave. *London, printed by Adam Islip.*, 1611, pet. in-fol., v. f. fil. (*Titre doublé.*)

Première édition de ce dictionnaire rare.

133. A Dictionary of the english language.... by Samuel Johnson. *London, printed for T. T. and J. Tegg*, 1833, 2 vol, in-4, portr., cart. non rog.

134. Vergleichendes Wörterbuch der gothischen Sprache, von Dr Lorenz Diefenbach. *Frankfurt am Main, Verlag von Joseph Baer*, 1851, 2 vol. in-8, br.

II. RHÉTORIQUE.

135. De l'Art de parler (par le P. Lamy). *Suiv. la copie impr. à Paris, chez André Pralard (Holl., Elzev., à la Sphère)*, 1676, pet. in-12, vél.

Jolie et rare édition.

136. Quintilianus (*Marc. Fabius*). Institutiones oratoriæ. *S. l. n. d.* (vers 1471), in-fol., lettres rondes, 199 feuillets, cart.

Incomplet des deux feuillets préliminaires, contenant l'épître d'*Omnibonus Leonicenus*.

136 *bis*. Quintilianus (*Marc. Fabius*). Institutiones oratoriæ (In fine :).... *Antonius Zarothus Parmensis Mediolani sollerter impressit...* 1476, in-fol. caract. rom. vél.

Édition rare. Exemplaire grand de marges et bien conservé, mais incomplet d'un feuillet dans le cahier signé S. Le coin du dernier feuillet est refait.

137. Oraison funèbre pour Monsieur (Scévole) de Sainte-Marthe, décédé à Loudun, le 29 mars 1623.... par Jean Cesvet, estudiant chez Théophraste Renaudot. *Saumur, pour B. Mignon,* 1623, in-4, non rel.

Pièce rare. Au commencement se trouve une épître dédicatoire, et à la fin une pièce en vers français et latins, signées de Théophraste Renaudot.

138. Deus Harangues panegyriques, l'une de la pais, l'autre de la concorde, par Hélie Poirier, Parizien ; ensemble : un traité de M. Grotius, de l'Antiquité de la république des Hollandois. *Amsterdam, Jan Blaeu, M. DC. XLIIX* (1648), pet. in-12, vél.

Jolie édition. Exemplaire grand de marges.

139. Oraison funèbre de Marie-Thérèse d'Autriche, infante d'Espagne, reine de France et de Navarre.... par Bossuet. *Paris, Séb. Mabre-Cramoisy,* 1683, in-4, non rel.

Édition originale. Le bas du titre de cet exemplaire est rogné.

140. Oraison funèbre de Louis de Bourbon, prince de Condé, premier prince du sang... 26 avril 1687, par le Père Bourdaloue. *Paris, Estienne Michallet,* 1687, in-4, non rel.

Édition originale.

141. Oraison funèbre de Madame Marie de Wignerod, duchesse d'Aiguillon.... par l'abbé Fléchier. *Paris, Séb. Mabre-Cramoisy,* 1675, in-4, non rel.

Édition originale.

142. Oraison funèbre de..... Henri de la Tour-d'Auvergne, vicomte de Turenne..... par Fléchier. *Paris, Séb. Mabre-Cramoisy,* 1676, in-4, vign. non rel.

Édition originale. Exemplaire grand de marges.

143. Oraison funèbre de Monsieur le Premier Président de Lamoignon.... 18 février 1679, par Fléchier. *Paris, Sébast. Mabre-Cramoisy,* 1679, in-4, non rel.

Édition originale.

144. Oraison funèbre de Marie-Thérèse d'Autriche, infante d'Espagne, reine de France et de Navarre... par Fléchier. *Paris, Séb. Mabre-Cramoisy*, 1684, in-4, non rel.

Édition originale.

145. Oraison funèbre de.... Messire Michel Le Tellier, chevalier, chancelier de France.... par Fléchier. *Paris, Séb. Mabre-Cramoisy*, 1686, in-4, vign. non rel.

Édition originale.

146. Oraison funèbre de Messire Jacques-Bénigne Bossuet, évesque de Meaux.... par le P. Delarue. *Paris, veuve de Simon Bernard*, 1704, in-4, portr. non rel.

Édition originale.

147. Oraison funèbre de.... Messire Charles de Sainte-Maure, duc de Montausier, pair de France.... par Esprit Fléchier. *Paris, Antoine Dezallier*, 1690, in-4, non rel.

Édition originale. La marge latérale est un peu étroite.

148. Éloge de Gresset. Discours qui a concouru pour le prix proposé par l'Académie d'Amiens, par M. ***, avocat (Max. Robespierre). *Paris, Royez*, 1786, in-8 br.

Pièce rare.

149. Oratione di M. Claudio Tolommei, ambasciador di Siena, recitata dinanzi al christianiss. Rè di Francia Henrico II, a Compiegna il mese di decembre 1552. *In Lyone, per Philib. Roletto*, 1553, pet. in-8, cart.

Pièce rare.

III. POÉSIE.

1. *Poëtes grecs et latins.*

150. Thesaurus græcæ poeseos, ex omnibus græcis poetis collectus, auctore Nicolao Caussino. *Moguntiæ, B. Gualtherus*, 1614, in-8, v. f. compart. dos orné, tr. dor. (*Rel. du* XVIIe *siècle.*)

Aux armes de Louys de Guyse, maréchal de Lorraine, grand chambellan sous Louis XIII.

151. The Iliad of Homer, translated by Alexander Pope, with an introduction and notes by the rever. Theod. Alois Buckley. *London, Ingram Cooke*, 1853, 2 vol. in-8, 2 portr., figures de Flaxmann, cart. en percal. gauf. non rog.

152. La Bibliothèque des poëtes latins et françois, ou recueil de ce que les meilleurs poëtes anciens et modernes,

grecs, latins et françois, ont dit de plus beau et de plus utile
pour former le cœur et orner l'esprit, par M. Noblot. 3 t.
en 1 vol. in-4, demi-rel.

Manuscrit original. Le premier tome seulement a été publié en 1731
in-12. Les deux autres sont restés inédits.

153. La Poésie et l'Éloquence à Rome au temps des Césars,
par M. Jules Janin. *Paris, Didier,* 1864, in-8, br.

Avec envoi d'auteur à M. Sainte-Beuve.

154. La Satire et la Comédie à Rome... par M. Ch. Labitte.
Paris, impr. H. Fournier, 1844, br. in-8. (*Envoi d'auteur à
M. Michelet*). — De l'Étude des poëtes latins sous Louis XIV
.... par le même. *Paris, H. Fournier,* 1845, br. in-8.

155. Le Virgile travesti en vers burlesques de M. Scarron.
*Suivant la copie imprimée à Paris (Amsterdam, Wolfgank,
au Quærendo),* 1668, 2 vol. pet. in-12, frontisp. gr. v. br.

156. Quintus Horatius Flaccus. *Birminghamiæ, typis Joan.
Baskerville,* 1762, in-12, frontisp. gr., mar. r. fil. tr. dor.
(*Rel. anc.*) *(Piqûres d'humidité.)*

157. Publii Ovidii Nasonis Sulmonensis Metamorphoseos librorum XV, opus auctum et recognitum. (In fine :) *Excu-
sum Lugduni in edibus Antonii Blanchard,* 1527, in-4, goth.
fig. sur bois, v. f. dent. à fr. (*Piqûre de ver au commencement et à la fin.*)

158. Phædri fabulæ, L. Annæi Senecæ, ac Publii Syri Sen-
tentiæ. *Aureliæ, sumpt. Couret de Villeneuve,* 1773, in-24,
demi-rel., dos et coins de mar. r. fil. non rog. (*Petit.*)

Exemplaire en grand papier.

159. Silii Italici de bello punico secundo XVII libri nuper di-
ligentissime castigati. (In fine :) *Venetiis in ædibus Aldi et
Andreæ Asulani soceri,* 1523, pet. in-8 de 212 feuillets, v. f.

Joli exemplaire, bien conservé.

160. Aulus Persius Flaccus. Le mesme Perse est traduict en
vers françois, par forme de paraphase, par Guillaume Durand, de Senlis. *Parisiis, ex typographia Dionysij à Prato,*
1575, pet. in-8, vél.

Traduction rare. Tache à deux feuillets.

161. D. Jun. Juvenalis et Auli Persii Flacci Satyræ.... *Amsterodami, typis Dan. Elzevirii,* 1671, pet. in-12, frontisp.
gr. br.

Exemplaire NON ROGNÉ

162. Cl. Claudiani quæ exstant, Nic. Heinsius Dan. f. recens.
ac notas addidit.... *Lugduni Batavor., ex offic. Elzeviriana,*
1650, 2 part. en 1 vol. pet. in-12, frontisp. gr. vél.

Joli exemplaire de la vente Anisson-Duperron. Hauteur : 134 mill.

163. Hilarii Versus et ludi (publié par M. J.-J. Champollion-Figeac). *Lutetiæ Parisiorum, apud Techener*, 1838, in-8, pap. de Holl. br.

Tiré à petit nombre.

164. Philippi Galtheri poëte Alexandreidos libri decem. *Lugduni, excudebat R. Granjon,* 1558, pet. in-4, mar. cit. larg. dent. tr. dor. (*Riche reliure de Kœhler.*)

Un des premiers volumes imprimés avec les caractères dits de *civilité* de Robert Granjon.

165. Andrelinus (*Faustus*). Livia Fausti poetæ laureati (*s. l. n. d.,* marque de *Felix Baligault*), pet. in-4 goth. de 64 feuillets non chiffrés, sign. a-i. — Elegie Fausti. (In fine :)... *a Guidone Mercatoris in Campo Guillardo. Parisiis...* 1494 (marque de *Guiot Marchant*), pet. in-4, goth. de 56 feuillets non chiffrés, sign. A-G. — De fuga Balbi ex urbe Parisia (cum epist. Rob. Gaguini, 1494), *s. l. n. d.* (marque de *Félix Baligault*), pet. in-4 goth. de 6 feuillets; le tout en 1 vol. pet. in-4, v. éc. fil. tr. dor.

Poëmes rares. Exemplaires bien conservés.

166. Fausti Sabæi Brixiani custodis bibliothecæ Palatinæ ad Franciscum regem Galliæ. In-8, bas.

Manuscrit sur vélin du seizième siècle, de diverses écritures imitant l'impression, avec initiales en or et en couleur, et encadrement historié autour du titre.

167. Hymni et epigrammata Marulli. *Impressit Florentiæ Societas Colubris,* 1497, in-4, demi-rel.

Belle édition, contenant 96 feuillets non chiffrés.

168. Marcelli Palingenii Zodiacus vitæ libri XII. *Rotterodami, apud Joan. Hofhout,* 1722, pet. in-8, frontisp. gr. v. f. fil. tr. dor.

168 *bis*. Francisci Quintiani Stoæ poetæ de Nativitate Domini ode tricolos hexastrophos cui titulus est theoandrogeniti. *Impressus Papie, per Jacob. de Burgofranco,* 1510, in-4 goth. de 4 feuillets n. rel.

Pièce rare.

169. In Joachimum Bellaium Andinum poetam... carmina et tumuli. *Parisiis, apud Fed. Morellum,* 1560, in-4 de 6 ff. demi-rel. mar. r.

170. Civitas veri sive morum Bartholomei Delbene.... Aristotelis de moribus doctrinam, carmine et picturis complexa et illustrata commentariis Theodori Marcilii. *Parisiis, apud Ambr. et Hier. Drouart,* 1609, in-fol. titre gr. et fig. de Thomas de Leu, demi-rel. vél.

Livre orné de plusieurs belles et curieuses figures de Thomas de Leu.

170 *bis*. Hortus epitaphiorum selectorum, où se voyent les fleurs de plusieurs vers funèbres, etc., (par P. G. de S. Romuald, d'Angoulème). *Paris, G. Meturas*, 1648, 2 part. en 1 vol. in-12, vél.

La seconde partie est entièrement composée d'épitaphes en vers français de personnages célèbres par des poëtes du seizième siècle et du commencement du dix-septième, notamment sur des Angoumoisins.

171. De Virgine Maria sine labe concepta carmen (auct. Paul. Darailh, in curia præsidiali Tolosana senator). *Tolosæ, apud Joan. Pech,* 1676, pet. in-8, fig. bas.

Petit livre curieux et rare. A la fin de cet exemplaire se trouvent ces mots manuscrits du temps : « *Ex lib. F. Delassus Tolos. et ex dono authoris.* »

171 *bis*. Calvidii Leti Callipædia , seu de pulchræ prolis habendæ ratione (auct. Cl. Quillet). *Lugd. Batavorum, veneunt Parisiis, apud Th. Jolly*, 1655, in-4, c. de Russie, fil. tr. dor.

Première édition, rare, contenant les vers contre le cardinal Mazarin.

172. Seriola ad M. Antonium Grimanum (auct. Farsetto). *Venetiis*, 1766, in-8, 4 feuillets, portr. vél.

Imprimé sur vélin.

172 *bis*. D. Baudii Amores, edente P. Scriverio. *Lugduni Batavorum, apud Fr. Hegerum et Hackium*, 1638, in-12, portr. fleurons elzévir. vél.

Beau volume, dont une partie des exemplaires porte : *Amsterd., Lud. Elzevirius*, 1638.

173. Macaronicorum Poema, Baldus, Zanitonella, Moschæa. Epigrammata (auct. Franc. Folengo). *Venetiis, apud Petr. Bosellum,* 1555, pet. in-12, mar. v. fil. dos orné, tr. dor. (*Rel. anc.*)

Édition rare, qui contient à la fin une épître latine de *Nicolo Costanti aux lecteurs.*

174. Opus Merlini Cocaii.... macaronicorum (aut. Theoph. Folengo.), totum in pristinam formam per me magistrum Acquarium Lodolam optime redactum... *Venetiis, apud Bevilacquam*, 1613, in-12, nombr. fig. sur bois, vél.

Exemplaire NON ROGNÉ,

175. Opus Merlini Cocaii macaronicorum..... *Venetiis, apud Bevilacquam*, 1613, in-12, nombr. fig. sur bois, mar. r. fil. dos orné, tr. dor. (*Rel. anc.)*

Taches et piqûres de vers à la marge de quelques feuillets.

176. Opus Merlini Cocaii... macaronicorum.... *Amstel., Abr. à Someren (Neapoli)*, 1692, pet. in-8, portr. et fig. parch.

2. *Poëtes français.*

177. Fabliaux et contes du XIIe et du XIIIe siècle, fables et romans du XIIIe, avec des notes historiques et critiques.... par M. Le Grand (d'Aussy). *Paris, Eug. Onfroy, 1781,* 5 vol. in-18, br.

Exemplaire de Legrand d'Aussy, avec un grand nombre de notes, additions et corrections de sa main, qui ont servi à en donner une nouvelle édition. Un certain nombre de notes manuscrites qui se trouvaient en dehors des volumes sont ici réunies en un paquet.

178. Onze Brochures sur les publications du moyen âge.

Réponse à la lettre de M. Michelet sur les épopées du moyen âge (par Paulin Paris...), 1831, pet. in-8, br. — Lettre à M. de Monmerqué sur les romans des *Douze Pairs de France* (par P. Paris). *S. l. n. d.,* br. in-12, grand pap. vél. (*Mouill. et déchir. à un feuillet.*) — Recherches sur les ouvrages des bardes de la Bretagne armoricaine dans le moyen âge..., par G. de la Rue. *Caen,* 1815, in-8, br. — Lettres sur les variantes de la Chanson de Roland, édition de M. F. Génin (par F. Guessard), 1851, br. in-8. — Mémoire sur Jehan Molinet..., par le baron de Reiffenberg... *Cambrai,* 1835, br. in-8. — Extrait du *Journal des Savants* (sur le Roman de la Rose), par Raynouard, 1816, in-8, br. — Etc...

179. Vers sur la mort, par Thibaud de Marly, publiés d'après un manuscrit.... (par M. Méon); seconde édition augmentée du dit des trois mors et des trois vifs et du Mirouer du Monde. *Paris, impr. de Crapelet,* 1835, gr. in-8, jésus vél. br.

180. Le Roman du Renart, publié d'après les mss. de la Bibliothèque royale par Méon. *Paris, Treuttel et Wurtz,* 1826, 4 vol. in-8, br.

181. Le Roman du Renart, supplément, variantes et corrections; publié par P. Chabaille. *Paris, Silvestre,* 1835, in-8, fac-simile, demi-rel. v. f. non rog.

182. Des XXIII manières de Vilains, pièce du XIIIe siècle, accompagnée d'une traduction en regard par Achille Jubinal. *Paris, Sylvestre,* 1834, in-8. br. (*Exemplaire sur papier rose*). — Le Miracle de Théophile, par Rutebeuf, trouvère du XIIIe siècle, publié par Achile Jubinal. *Paris, Ed. Pannier.* 1838, in-8, br.

183. Le Livre de Mathéolus, poëme français du XIVe siècle, par Jean Lefèvre, nouvelle édition, revue sur les manuscrits et les éditions gothiques (publiée par J. Gay). *Bruxelles, impr. de A. Mertens,* 1864, 2 vol. in-16, br.

Tiré à cent six exemplaires.

184. Les Poésies du duc Charles d'Orléans, publiées sur le manuscrit original de la bibliothèque de Grenoble, conféré avec ceux de Paris et de Londres.... par Aimé Champollion-

Figeac. *Paris, J. Belin-Leprieur*, 1842, in-8, pap. vélin fort, demi-rel. v. ant. non rog.

185. Les Noëls virois de Jean Le Houx, publiés pour la première fois d'après le manuscrit de la bibliothèque de Caen, avec une introduction et des notes par Armand Gasté. *Caen, Le Gost-Clérisse,* 1862, pet. in-8, pap. vergé, br.

Tiré à 200 exemplaires.

186. La Dance aux aveugles (par Pierre Michault), et autres poésies du XV° siècle, extraites de la bibliothèque des ducs de Bourgogne (publiées par Lambert Douxfils). *Lille, And. Jos. Panckoucke,* 1748. pet. in-8, br. non rog.

187. Le Doctrinal des nouveaulx mariez. — Le Doctrinal des nouvelles mariées. *Chartres, Garnier fils,* 1832, 2 pièces en 1 vol. in-16, demi-rel. v. f.

Réimpressions tirées à 5o exemplaires seulement.

188. La Deffaicte des faulx monnoyeurs, composée par Dadonville. *On les vend à la porte du Palais,* s. d., in-8 goth. de 4 feuillets, fig. en bois sur le titre, demi-rel. dos et coins de mar. r. fil. dos orné (*Petit.*)

Réimpression fac-simile, tirée à VINGT exemplaires seulement. Celui-ci est imprimé sur VÉLIN.

189. Euvres de Louïze Labé, Lionnoize (avec un commentaire par M. Breghot du Lut, et une notice sur Louise Labé, par Cochard). *A Lion, par Durand et Perrin,* 1824, in-8, pap. vél. v. v. dent.

Exemplaire de la reine MARIE-AMÉLIE.

190. Les Œuvres de P. de Ronsard, reveues, corrigées et augmentées par l'autheur. *Paris, Gabr. Buon,* 1584, in-fol. v. br. orn. et fil.

Bonne édition, la dernière donnée du vivant de Ronsard.

191. Œuvres inédites de P. Ronsard... recueillies et publiées par Prosper Blanchemain. *Paris, Aug. Aubry,* 1855, pet. in-fol. à 2 col. br.

Tiré seulement à 25 exemplaires de ce format.

192. Élégie de P. de Ronsard, sur les troubles d'Amboise, 1560, à G. des Autels, gentilhomme charrolois. *Paris, Gabriel Buon,* 1563, in-4 de 6 feuillets non rel.

Pièce rare, grande de marges. Édition originale.

192 *bis.* Remonstrance au peuple de France (par P. Ronsard). *Paris, Gabriel Buon,* 1563 (1564), in-4, cart. (*Mouillures.*)

Pièce rare contre les huguenots. Édition originale.

193. Epithalame sur le mariage de très-illustre prince Philibert-Emanuel, duc de Savoye, et très-illustre princesse Marguerite de France, sœur unique du roy, et duchesse de Berry (fait à Notre-Dame, à Paris, le 9 juillet 1559); par Joach. du Bellay, Angevin. *Paris, Federic Morel,*1561, in-4, cart.

Édition originale. Bel exemplaire, grand de marges.

194. Deux Livres de l'Enéide de Vergile (*sic*), le quatrième et sixième, traduits en françois par J. du Bellay,... avec la complainte de Didon à Enee, prise d'Ovide, etc. *Paris, de l'impr. de Fed. Morel, 1561, in-4,* non rel.

Exemplaire grand de marges.

195. Prophétie faite par M. Abel Ongeur, doyen de la grande Église de Therouenne, l'an 1477, trouvée dans les papiers de Jean-Anthoine de Baïf, l'an 89. *Paris, P. Buray,* 1614, pet. in-8 de 6 pp., non rel.

Petite pièce en vers, très-rare, contenant des prédictions pour les années 1590 à 1613.

196. Chanson historique de Jeanne d'Arc, pucelle d'Orléans, et de ses hauts faits sous le règne de Charles VII. (*Chartres, Garnier,* 1840), in-12, br. — Chanson nouvelle, composée par un soudart, faisant la centinelle sur les remparts de Metz. (*Chartres, Garnier,* 1842), in-12, br. — Chanson nouvelle de Mont-Gommery, 1575. (*Chartres, Garnier,* 1842), in-12, br. — Chanson historique de Cinq-Mars et De Thou. (*Chartres,* 1842), in-12, br.

Ces quatre opuscules, publiés par les soins de M. G. Duplessis, n'ont été tirés chacun qu'à 60 exemplaires.

197. Les Foresteries de Jean Vauquelin sieur de la Fresnaie, poëte normand du XVIe siècle, précédées d'une introduction par M. P. Blanchemain. *Caen, Le Gost-Clérisse,* 1869, pet. in-8. pap. de Holl. br.

Tiré à CENT ONZE exemplaires.
On a joint à celui-ci une brochure intitulée : *Sur une édition des Foresteries, par M. Julien Travers.* Caen, 1869, br. in-8.

198. Six Livres (en vers) du second advenement de Nostre-Seigneur, avec un traicté de S. Basile, du Jugement de Dieu.... plus les quatrains sententieux de S. Grégoire, évesque de Nazianze, par M. Jacques de Billy, abbé de Saint-Michel-en-l'Her. *Paris, Guill. Chaudière,* 1576, in-8, parch.

Livre rare. Au bas du titre de cet exemplaire se trouvent ces mots d'une écriture du temps : « A l'usage des P. capucins de Gray, donné par madame la marquise de Villars. »

199. Les Trois premiers Livres de la Santé (en vers), par M. Gérard François, docteur en médecine. *Paris, Jean*

Richer, 1583, pet. in-16, v. br. (*Trop rogné; les notes marginales sont atteintes*).

Exemplaire qui a appartenu à Étienne Tabourot, dit le seigneur des Accords, dont la devise : *A tous accords*, se trouve manuscrite sur le titre.

A la suite se trouve : *Le chemin de bien vivre avec le mirouër de vertu...*, par Pierre Hubert. *Lyon*, 1600, pet. in-16. (Incomplet des feuillets 144 à 153, et 161.)

200. Stances sur la Mort du feu roy (Henri IV), par messire J. Bertaut, évesque de Sées... *Paris, Toussainct du Bray*, 1611, in-8, non rel. — Stances sur l'assassinat de Henri IV .... (par un sieur Formy). *Lyon, sur la copie imprimée à Aix, par Jean Tholosan*, 1610, pet. in-8. — Recueil des vers lugubres sur le trespas de Henri le Grand... *S. l. n. d.*, pet. in-8, non rel.

201. Versions de quelques pièces de Virgile, Tacite et Salluste (en vers), avec l'Institution de Monseigneur, frère unique du Roy (en prose), par la damoiselle de Gournay. *Paris, Fleury Bourriquant*, 1619, in-8, vél.

Recueil rare, précédé d'une curieuse préface dans laquelle mademoiselle de Gournay, en défendant Ronsard, attaque Malherbe et son école.

202. Le Panthéon et Temple des Oracles où préside Fortune.... par François d'Hervé. *Paris, Fr. Huby*, 1625, in-8, frontisp., gr. et portr. de Louis XIII, dem.-rel. mar. v. (*Titre doublé.*)

Livre rare et curieux.

203. Les Œuvres de Mre François Malherbe (avec un discours par Godeau). *Paris, Charles Chappellain*, 1630, petit in-4, portr. vél.

Première édition des œuvres de Malherbe, publiée par Fr. Arbaud de Porchères. Piqûres de vers dans la seconde partie du volume.

204. Vers présentés au Roy sur l'exil de Théophile. *S. l.*, 1620. — La Remonstrance à Théophile (en vers). *S. l.*, 1620. — Remercîment de Théophile à Coridon (en vers). *S. l.*, 1624. — Très-humble requeste de Théophile à Monseigneur le premier Président (en vers). *S. l.*, 1624. — L'examen de Théophile par Rhadamante, juge des enfers, sur le Parnasse satyrique. *S. l.*, 1626; en 1 vol. pet. in-8, cart.

205. RECUEIL DE PIÈCES de vers, odes, épîtres, etc., la plupart sur des événements du temps, depuis 1633 jusqu'à 1766, environ 500 pièces en 14 portefeuilles in-4.

Recueil curieux, composé de pièces en éditions originales.

206. Chansons folastres et prologues tant superlifiques que drolatiques des comédiens françois, revus et augmentés de

nouveau, par le sieur de Bellone. — Le second livre des chansons folastres et prologues..... par Estienne de Bellone Tourangeau. *Rouen, Jean Petit*, 1612, 2 vol. in-16, br.

Réimpression faite pour J. Gay, *à Bruxelles, chez A. Mertens*, en 1864, et tirée à CENT SIX exemplaires.

207. Le Parnasse des Muses, ou Recueil des plus belles chansons à danser recherchées dans le cabinet des plus excellents poëtes de ce temps, dédié aux belles dames. — Concert des Enfans de Bacchus assemblez avec ses bacchantes..... composé par les meilleurs beuveurs et sacrificateurs de Bacchus, dédié à leurs rouges trognes. *Paris, Charles Hulpeau*, 1628, 2 part. en 1 vol. in-16, br.

Réimpression faite à Bruxelles, chez A. Mertens, pour J. Gay, et tirée à CENT SIX exemplaires.

208. Le Thresor des plus belles chansons nouvelles de ce temps, tant à boire qu'à danser, avec plusieurs airs de cour nouveaux. *Paris, Pierre Anguerant, s. d.* (XVIIe siècle), 3 part. de 88, 64, et 24 pages, en 1 vol. in-12, v. br.

Recueil rare. Mais cet exemplaire n'est pas en bon état; le dernier feuillet est doublé et raccommodé.

209. Les Ponts bretons. *S. l.*, 1624, pet. in-8, de 16 pp. non rel.

Satire en vers, très-piquante, contre la cour de Louis XIII, particulièrement contre les favoris. Pièce rare.

210. Les Donnés-vous de garde du temps qui court, suivant la ruse et finesse descouverte par le sieur de la Cabotière. *Paris, Jean Turgon*, 1626, pet, in-8, non-rel.

Pièce satirique et facétieuse en vers, très-rare.

211. Les Œuvres poétiques du sieur du Pin Pager. *Paris, Jacques Quesnel*, 1629, in-8. — Romani Pinæi Pagerii Latina. *Parisiis, apud Jacob. Quesnel*, 1629 ; 2 part. en 1 vol. in-8, v. m. fil. tr. dor.

212. La Rome ridicule de M. de S. Amans (*sic*). *Paris*, 1661, pet. in-12, vélin. (*Piqûre de ver*.)

213. Les Aphorismes d'Hypocrate, mis en vers français..... par le sieur de Launay, chirurgien. *Rouen, Jean Viret*, 1642, pet. in-8, dem.-rel. v.

214. Les Chevilles de maître Adam (Billaut), menuisier de Nevers. *Paris, Toussaint Quinet*, 1644, in-4, portr. demi-rel. v.

On a ajouté à l'exemplaire une notice manuscrite sur Me Adam, *le Claquet de la fronde sur la liberté des princes*, copie d'une mazarinade en vers de notre poëte, publiée en 1651, et un portrait lithographié du même.

21.. Les Sentimens d'honneur, ou les maximes du sage, pour se conduire en honneste homme, en quelque sorte de condition de vie que ce soit, par J. François de Salles, sieur du Sous. *Paris, Claude Barbin*, 1663, in-8, portr. v. br.

Poëme rare, dédié à Louis XIV, dont le portrait, gravé par Moncornet, se trouve au commencement du volume.

216. Saint Louys, ou la sainte Couronne reconquise, poëme héroïque, par le P. Pierre le Moyne. *Paris, Louys Bilaine,* 1666, in-12, frontisp. et fig. de Chauveau, v. m.

217. Au Roi sur sa libéralité envers les marchands de Paris, présenté par les gardes des marchands de la ville de Paris, par Pierre Corneille. *Paris, chez Pierre le Petit,* 1674, in-4.

Édition originale. C'est la traduction d'une pièce de vers latins de Santeuil, qui se trouve imprimée ici avec celle de Corneille.

218. DEFFENCE DES FABLES dans la poésie, imitation du latin de M. de Santeuil (pièce en vers, signée P. Corneille). *S. l. n. d.*, in-4, non-rel.

Édition originale. Cette pièce est précédée de l'original en vers latins de V. Santeuil.

219. Fables de la Fontaine, avec un nouveau commentaire littéraire et grammatical, par Ch. Nodier. *Paris, Emler,* 1828, 2 vol. in-8, frontisp. gr. et 11 fig. br.

Édition estimée.

220. Œuvres de M. Boileau-Despréaux, avec des éclaircissements historiques donnez par lui-même (et des commentaires par Brossette). *Genève, Fabri et Barillot,* 1716, 2 tom. en 1 vol. in-4, 2 beaux portr. de Boileau et du régent Philippe d'Orléans, fig. de Chereau, v. m. (*Aux armes du président Lambert.*)

Exemplaire en grand papier. Première édition, avec les commentaires de Brossette.

221. Joseph, ou l'esclave fidèle, poëme (par D. Morillon). *Turin (Tours), Benoist Fleury et Julien Lebrun,* 1679, in-12, v. éc. filets, tr. dor. (*Poëme rare.*)

223. Madrigaux de M. D. L. S. (de la Sablière). *Suiv. la copie impr. à Paris (au Quærendo, Amst. Abr. Wolfgang),* 1680, pet. in-12, v. gr. (*Armes*).

Édition rare.

224. Le Chasteau de Richelieu, ou l'histoire des dieux et des héros de l'antiquité (en vers), avec des réflexions morales, par M. Vignier. *Saumur, Fr. Ernou,* 1684, pet. in-8, mar. r. jans. tr. dor.

225. Chansons nouvelles et airs de cour, nouveau recueil. *Paris, Antoine Raflé*, 1688, 6 tom. en 1 vol. pet. in-12, vél.

Recueil très-rare, qui doit avoir 2 vol.; mais cet exemplaire du premier est incomplet du dernier feuillet de table. Il est en outre taché.

226. Œuvres diverses du sieur R*** (J.-B. Rousseau). *A Soleure, chez Ursus Heuberger*, 1712, in-12, v. gr.

Édition originale de ce premier recueil de poésies de J.-B. Rousseau.

227. Satyres sur les femmes bourgeoises qui se font appeler madame.... (par le chevalier d'Hénissart). *Paris, Damien Beugné*, 1713, in-8, 12 figures, v. br.

Livre rare. Le bas du titre a été coupé, comme dans presque tous les exemplaires.

228. Les Philippiques, odes par La Grange-Chancel, avec des notes historiques, critiques et littéraires. *Paris, impr. de Didot jeune*, an VI, 1795, in-12, pap. vél. br.

229. Contes et Nouvelles en vers, par Voltaire, Vergier, Sénecé, Grécourt, Piron, La Monnoye, etc. *Londres (Cazin)*, 1778, 2 vol. in-18, fig. à mi-page, v. éc. fil. tr. dor.

Ce sont les tomes III et IV du *Recueil des meilleurs contes en vers;* les deux premiers volumes contiennent les contes de la Fontaine.

230. Les Plaisirs de l'amour, ou recueil de contes, histoires et poëmes galans (par la Fontaine, Dorat, Voltaire, Gresset, Bordes, etc.). *S. l. (Paris), chez Apollon, au Mont-Parnasse*, 1782, 3 part. en 1 vol. in-16, frontisp. et figures, mar. br. fil. doublé de mar. viol. dent. tr. dor.

231. Le Caleçon des coquettes du jour (conte en vers). *La Haye*, 1763, in-8, br. — Les culottes de saint Griffon, nouvelle (en vers), imitée de l'italien de Casti. *Paris*, an XI-1803, in-8, br. — Quelques contes (en vers), par G. P. *** (Petitain). *S. l. n. d.* in-8, br. — Pecata, ou l'âne du pays d'Artois, allégorie (en vers). *En Arcadie, s. l. n. d.*, in-8, br.

Contes facétieux et satiriques devenus rares.

232. Recueil des meilleurs contes en vers (de Passerat, Senecé, Ducerceau, Moncrif, Piron, Saint-Lambert, Dorat, Voltaire, etc.....) *Genève* et *Paris, Delalain*, 1774, in-8, vign. de Marillier, v. m. (*Mouillures et piqûres de vers.*)

233. Fables nouvelles, par M. Dorat. *La Haye, et se trouve à Paris, chez Delalain*, 1773, in-8, papier de Holl., jolies vign. et culs-de-lampe, de Marillier, dem.-rel. (*Première partie.*)

234. Les Baisers, précédés du Mois de mai (par Dorat). *La Haye, et se trouve à Paris chez Delalain*, 1770, in-8, fron-

tisp., figures, vign. et culs-de-lampe, par Eisen, v. m. fil.
tr. d.

235. Les A-propos de société, ou chansons de M. L. *** (Lau-
jon). *S. l. (Paris)*, 1776), 2 vol. in-8, figures et vign. de
Moreau, et musique notée, br.

236. La Grande Bible des noëls, sur la nativité de Jésus-
Christ, augmentée de plusieurs beaux noëls nouveaux.
Orléans, de l'impr. de C.-A.-J. Jacob, 1786, pet. in-8 de
224 pages, non-rel.

237. M.-J. Chénier. Le Docteur Pancrace, satire. *Paris, La-
ran*, an V, in-18, br. — Pie VI et Louis XVII.... *Paris, La-
ran*, an VI, in-18, br. — Les Nouveaux Saints. *Paris, Dabin*, an IX (1801), in-18, br. — Saint Roch et saint Thomas,
nouvelle satire (d'Andrieux). *Paris, Dabin*, an XI-1802,
pet. in-8, br. — Réponse de saint Roch et de saint Thomas
à saint Andrieux. *Paris, J. Girard*, an XI-1802, pet. in-8, br.
— Les Miracles, conte dévot, augmentés du Maître italien,
nouvelle. *Paris, Dabin*, an X-1802, in-8, br.

Poésies en patois.

238. Notices et extraits de quelques ouvrages écrits en patois
du midi de la France. Variétés bibliographiques (par M. Gustave Brunet). *Paris, Leleux*, 1840, in-12, br. (*Tiré à 100
exemplaires.*)

239. Pièces en vers patois publiées par M. Gustave Brunet,
de Bordeaux :

La Bernarda Buyandri, tragi-comédie. *Paris, Techener*, 1840, br. in-8.
— Bouno-Gorjo et Gulo-Fresco, ou lou Gourmon motat, poëme d'A. Bru-
gié... 1841, br. in-8. — Chansons nouvelles en provençal, composées vers
1550. *Paris*, 1844, br. in-8. — Anciens proverbes gascons et basques, recueillis par Voltaire, et remis au jour par G. B. *Paris*, 1845, br. in-8. —
Las Ordenansas et coustumas del libre blanc... de Tolosa. *Imprimadas a Tolosa, per Jac. Colomies*, 1551. *Paris*, 1846, br. in-8.

240. Chan Heurlin, ou fiançailles de Fanchon, poème patois
messin, en sept chants par Brondex et Mory, de Metz, pu-
blié par M. G. ***. *Metz, Mme Ve Devilly*, 1841, in-8, br. —
Les Bruilles, poème patois-messin. *S. t. n. l. n. d.* (fin du
XVIIIe siècle), in-8 de 40 pages, br. — La Grosse enwaraye
messine (en vers patois, publiée par M. Gustave Brunet). *Paris, Techener. S. d.*, br. in-8.

241. Odes d'Anacréon, traduites en vers languedociens, par
M. Aubanel. *Nismes, Gaude fils*, 1814, in-8, br. — Greno-
blo malherou, suivi du Dialoguo de le quatro comare. *Grenoble, J.-M. Cuchet, s. d.* br. in-8. — La Part au bon Dieu

(en vers du patois provençal)..... par J. Roumanille. *Avignon, Séguin*, 1853, in-8, br. — La Paysade, ou les Mulets blancs, épopée..... en vers auvergnats..... par C.-A. Ravel. *Clermont-Ferrand*, 1838, in-8, br. — La Saouçon d'Espinar, ou suitou funestou dé l'errour d'un cousinié capuchin (en vers patois)..... par D. C. Cassan. *En Avignoun*, 1837, in-8, br. — La Crècho de la Santo-Enfanço, ou lou souhè d'une bono maire, poème provençal par Augustin Boudin, avec une traduction en regard (en vers français). *Avignon*, 1852, in-8, frontisp. br. — Flurétas (en vers patois), per Moussu Dé Gibloux (Pierquin de Gembloux). *Paris, Dumoulin*, 1844, pet. in-8, br.

242. Satyre d'un curé picard sur les vérités du temps (en vers patois). *Avignon, chez Claude Lenclume*, 1754, in-12, br.

243. Les Noëls bourguignons de Bernard de la Monnoye (Gui-Barôzai), suivis des Noëls maconnais du P. Lhuilier, publiés pour la première fois avec une traduction..... par F. Fertiault. *Paris, Locard-Davi*, 1858, in-12, avec 24 fig., br.

244. Virgille virai an borguignon. Choix des plus beaux livres de l'Eneide, suivis d'épisodes tirés des autres livres, avec sommaires et notes, publiés par C.-N. Amanton, et un discours préliminaire, par G. P. (Gabriel Peignot). *Dijon, impr. de Frantin*, 1831, in-18, br.

245. Recueil de poètes gascons, contenant les œuvres de Pierre Goudelin, de Toulouse, avec le dictionnaire de la langue toulousaine ; les œuvres du sieur Le Sage, de Montpellier, et du sieur Jean Michel, de Nismes (en vers patois). *Amsterdam, Daniel Pain*, 1700, 2 vol. in-12, frontisp., v. gr. dos orné.

246. Fables choisies de Jean la Fontaine mises en vers gascons..... par un Bordelais, M. Bergeret neveu. *Paris, L.-G. Michaud*, 1816, in-12, br.

247. Estrées béarnèses, en ta l'an 1820. *Paü, de l'impr. de Vignancour*, in-18, br.
Poésies en patois béarnais.

3. *Poëtes italiens, espagnols, etc.*

248. Raccolta di rime antiche toscane. *Palermo, dalla tipogr. di Gius. Assenzio*, 1817, 4 vol. in-8, pap. vélin, dem.-rel. v. f. non rog.

249. Primo volume della scielta di stanze di diversi autori toscani, raccolte da M. Agostino Ferentilli. *In Venetia*,

appresso gli heredi di Marchio Sessa, 1571, in-12, mar. r. fil. à fr. tr. dor. (*Quelques raccommodages.*)

250. Il primo (e il secondo) volume delle Rime scelte di diversi autori, di nuovo corrette e ristampate. Aggiuntivi molti sonetti nel secondo volume. *Venetia, appresso i Gioliti,* 1587, 2 vol. pet. in-12, v. f. fil.

251. Petrarca. Sonetti, Canzoni e Trionfi. In-fol. vél.

Manuscrit du quinzième siècle, sur papier, très-bien écrit, auquel il manque le premier feuillet. A la fin des *Trionfi,* qui sont d'une écriture moins ancienne que les *Sonetti* et *Canzoni,* se trouve, à la date de 1476, une mention de la mort de Galéas-Marie Sforce, duc de Milan, poignardé dans l'église de Saint-Étienne. Cette note porte la souscription : *Ego Federicus Ponzanus manu ppria.* Suivent d'autres poésies italiennes, à la fin desquelles sont des notes du même *Ponzone,* avec les dates de 1469 et 1473.

251 *bis.* Il Petrarca, revisto et corretto da Lod. Dolce. *Vinegia, Gabr. Giolito,* 1559, pet. in-8, fig. sur bois, vélin.

252. Il Petrarca, con alcune belle annotationi tratte dalle dottiss. prose di M. Bembo. *Venetia, appresso Nic. Bevilacqua,* 1562, 2 part. en 1 vol. pet. in-12, mar. bl. fil.

253. Opera di Faccio de gli Uberti Fiorentino, chiamato Ditta mundi. *Impresso in Venetia, per Chr. di Pensa,* 1501, gr. in-8, vél.

Seconde édition, très-rare. Exemplaire très-grand de marges, mais taché et avec un trou de ver.

254. Ameto over comedia delle Nimphe Fiorentine, compilata da messer Giovanni Boccacci da Certaldo. (A la fin:) *Stampata nella inclita città di Venetia, per Nicolo Zopino,* 1524, pet. in-8, non rel.

255. Le Rime de' due Buonaccorsi da Montemagno. *In Cologna,* 1762, in-8, mar. r. tr. dor.

Poésies du quatorzième siècle.

256. Poesie volgari... di Lorenzo de' Medici, che fu padre di Papa Leone, col commento del medesimo sopra alcuni de' suoi sonetti. *In Vinegia, in casa de' figlivoli di Aldo,* 1554, pet. in-8, v. gr.

Édition rare. Quelques feuillets de cet exemplaire sont rognés jusqu'au faux-titre.

257. Stanze di messer Angelo Politiano, comintia per la Giostra del magnifico Giuliano di Piero di Medici. (Al fine :) *Venetia, per Nicolo Zopino,* 1524, pet. in-8, mar. or. fil. à fr. tr. dor. (*Koehler.*)

258. Opera del poeta Miser Pamphilo Sasso Modenese. *Venetiis, Guilelmus de Fontaneto de Montferrato,* 1519, in-4 à 2 col. cart.

259. Opere di Girolamo Benivieni Firentino..... con una canzona dello amor celeste et divino, col commento del conte Giov. Pico Mirandolano. *In Venegia, per Greg. de Gregori,* 1524, pet. in-8, mar. r. (*Rel. anc.*)

Rare.

260. Rime di monsignor P. Bembo. *In Venetia, per Comin de Trino de Montferrato,* 1540. — Gli Assolani di monsignor P. Bembo. *In Venetia,* 1540, 2 part. en 1 vol. in-8, mar. r. tr. dor. (*Rel. anc.*)

260 *bis.* Rime del Trissino. *Vicenza, T. Janiculo,* 1529, gr. in-8, demi-rel. mar. v.

Imprimé avec les caractères gréco-italiques de Trissin.

261. Dialogo de fortuna del caval. Antonio Phileremo Fregoso. *Stampato in Venetia, per Nicolo Zoppino,* 1524, pet. in-8, fig. en bois sur le titre, demi-rel. mar. r. — Opera nova del cavalier Fregoso Antonio Phileremo. *Stampata in Vinegia, per Nicolo Zoppino,* 1528, pet. in-8, encadr. du titre gr. sur bois, demi-rel. mar. r. (*Petit.*)

262. Arcadia di Giacomo Sannazaro, di nuovo ristampata et ritornata alla sua vera lettione, da M. Lodov. Dolce. *In Vinegia, appresso Gab. Giolito,* 1556.—Le Rime di G. Sannazaro, di nuovo corrette e reviste per il Dolce. *In Vinegia, appresso Gab. Giolito,* 1552; en 1 vol. pet. in-8, v. f.

263. Gelosia del Sole, opera volgare di Gir. Britonio di Sicignano intitolata Gelosia del Sole. *Venetia, Marchio Sessa,* 1531, pet. in-8, demi-rel. (*Rare.*)

264. Seraphina Damore, dove se contiene sonetti, strambotti, capitoli, epistole, disperate, canzone, barzellette, comedie. *S. l.,* 1538, pet. in-8, cart. (*Rare.*)

265. Orlando furioso di M. Lodovico Ariosto... al quale di nuovo sono aggiunte le annotationi... di Girolamo Ruscelli, etc... *In Venetia, appresso Vincenzo Valgrisi,* 1556, in-8 à 2 col., nombr. et curieuses fig. sur bois, parch.

Dans cet exemplaire, toutes les strophes sont numérotées à la main, à l'encre rouge.

266. Orlando furioso di M. Lodovico Ariosto, con gli discorsi di Girolamo Ruscelli. *In Venetia, appr. Vicenzo Valgrisio,* 1557, in-24, fig. sur bois, vél.

Édition rare, en petits caractères, et ornée de jolies vignettes sur bois.

267. Orlando furioso di M. Lodovico Ariosto, con le annotationi... di Jeronimo Ruscelli. *In Venetia, appresso Vincenzo Valgrisi,* 1568, in-4 à 2 col. lettres ital., fig. sur bois. demi-rel.

Jolie édition, ornée de nombreuses et belles figures sur bois. Exemplaire grand de marges.

268. Orlando furioso di M. Lodovico Ariosto, con gli argomenti in ottava rima di M. Lodovico Dolce... *In Venetia, appresso Horatio de Gobbi*, 1581, in-8 à 2 col., lettres italiques, fig. sur bois, demi-rel. vél.

269. Orlando furioso di M. Lodovico Ariosto, adornato di figure di rame da Girolamo Porro. *In Venetia, appresso Franc. de Franceschi*, 1584, 2 part. en 1 vol. in-4 à 2 col. caract. ital. nombr. fig. cart.

Édition ornée de belles figures de G. Porro.

270. Sette Libri di satire di Lodovico Ariosto, Hercole Bentivogli, Luigi Alamanni, Pietro Nelli, Antonino Vinciguerra, Franc. Sansovino, e d'altri scrittori... di nuovo raccolti per Fr. Sansovino. *In Venetia, appr. Nic. Bevilacqua*, 1563, pet. in-8, v. f. fil. tr. dor.

Recueil rare.

271. Sette Libri di satire di Lodovico Ariosto, Hercole Bentivogli, Luigi Alamanni, ecc..., di nuovo raccolti per Francesco Sansovino. *In Venetia, appresso Jacomo Vidali*, 1573, pet. in-8, caract. ital. vél. orn. tr. dor. (*Rel. du temps.*)

Bel exemplaire.

272. Olimpia d'Amore novamente composta, opera nella quale si contiene diverse serenate, capitoli, sonetti, madrigali e partenze (tutti in laude di Olimpia). *In Brescia, per Giacomo Turlino, s. d.*, pet. in-8, demi-rel. mar. v.

273. Versi et regole de la nuova poesia toscana (di M. Antonio Renieri da Colle et Cl. Tolomei, et altri autori, raccolta da Cosimo Pallavicino). *Roma, Ant. Blado d'Asola*, 1539, pet. in-4, portr. de Cl. Tolomei, gr. sur bois, demi-rel. mar. r.

Recueil rare.

274. Pescatoria et Ecloghe del San Martino. *S. l. n. d.* (*Venezia, Giolito de' Ferrari, vers* 1540), pet. in-8, demi-rel. mar. citr. (*Petit.*)

Édition rare.

275. La Coltivazione di Luigi Alamanni. *Fiorenza, Giunti*, 1549, pet. in-8, cuir de Russie, fil. tr. dor. (*Thouvenin.*)

Le cinquième feuillet est raccommodé. Plusieurs mots de texte sont enlevés.

276. Tre Bellissimi Capitoli in lode della pazzia, con alcune stanze amorose di novo stampate. *Venetia*, 1543, petit in-8, v. f. fil.

277. Sonetti de gli academici trasformati di Milano. *Milano,*
Antonio Borgi, 1548, pet. in-8, mar. r. tr. dor.

278. Rime volgari di Ludovico Paschale da Catharo Dalma-
tino. *Vinegia, Steffano et Battista Cognati,* 1549, pet. in-8,
mar. r. tr. dor.

279. La Favola di Pyti et quella di Peristere, insieme con
quella di Anaxarete... da M. Giov. Fr. Bellentani da Carpi.
In Bologna, per Anselmo Giaccarello, 1550, in-12, vél.

280. Rime diverse del Mutio Justinopolitano. *Vinegia, Gab.*
Giolito de' Ferrari, 1551. — Egloghe del Mutio Justinopolitano. *Vinegia, Gab. Giolito de' Ferrari,* 1550, en 1 vol.
in-8, v. br. fil. compart. tr. dor. (*Rel. anc.*)

Exemplaire bien conservé et grand de marges.

281. Rime di Gandolfo Porrino. *Venetia, Michele Tramezzino,*
1551, pet. in-8, vél.

282. Angelica innamorata di Vicentio Brusantino. *In Vinegia,*
per Francesco Marcolini, 1553, grand in-8, figures sur bois,
parch.

Poëme rare. C'est une continuation de l'*Orlando furioso*. Quelques taches.

283. Le bizarre, faconde, et ingeniose Rime pescatorie, nelle
quali si contengono sonetti, stanze, capitoli, madrigali, epi-
taphii, disperate, e canzoni, per Andrea Calmo. *In Vinegia,*
appr. Jovambattista Bertacagno, 1553, pet. in-8, v. f. fil.
tr. dor.

284. Rime del commendatore Annibal Caro. *In Venetia, Aldo*
Manutio, 1572, in-4, demi-rel. v. v.

Bel exemplaire.

285. Apologia de gli academici di Banchi di Roma, contra
Lod. Castelvetro da Modena, in forma di uno spaccio di
M. Pasquino... in difesa della canzone d'Annibal Caro, ecc.
(da An. Caro). *Parma, Seth Viotto,* 1558, in-4, mar. r.
tr. dor.

286. L'Amore innamorato, del sig. Antonio Minturno. *In Ve-*
netia, 1559, pet. in-8, demi-rel. mar. bl.

287. Rime di M. Giacomo Marmitta Parmeggiano. *Parma,*
Viotto, 1564, in-4, mar. r. tr. dor.

288. Rime degli academici eterei, dedicate alla serenissima
Madama Margherita di Valois, Duchessa di Savoia. *S. d.*
(1567), in-4, v. f. fil. tr. dor. (*Lardière.*)

289. La Délivrance de Hierusalem, mise en vers françois de
l'italien de Torquato Tasso, par Jean du Vignau, sieur de
Warmont, Bourdelois. *Paris, Math. Guillemot* (1595),

in-12, frontisp. finement gravé, contenant le portr. parch.
(*Quelques mouillures.*)

Traduction rare.

290. Le Rime burlesche, sopra varii et piacevoli soggetti,
composte da M. Giovanfrancesco Ferrari. *Venetia, heredi di
Sessa*, 1570, 2 livres en 1 vol. pet. in-8, demi-rel.

291. Rime del S. Giuliano Goselini. *Milano, P. G. Pontio*,
1572, in-4, v. f. compart. fil. tr. dor.

292. Canzone al Christianiss° et invittissimo Henrico III, Re
di Francia et di Polonia, di M. Nadal Zambone. *Venetia*,
1574, in-4, de 8 pag. cart.

293. La Scacheide di Gregorio Ducchi, gentilhuomo bres-
ciano. *In Vicenza, appresso Perin libraio et Giorgo Greco...*
1586, pet. in-4, vél.

Édition rare.

294. Rime diverse di molti ill. compositori per le Nozze dell'
ill. sig. Gio. Paolo Lupi, marchese di Soragna, e Beatrice
Obici, raccolte da Greg. Ducchi. *In Piacenza, per Gio.
Bazachi*, 1589, in-8, demi-rel. mar. v. (*Rare.*)

295. Angeleida del sig. Erasmo di Valvasone. *In Venetia,
appresso Gio. Battista Sommasco*, 1590, in-4, demi-rel. bas.

Édition rare.

296. Il Martirio di S. Theodoro, composto in terza rima dal
Sig. Ant. Monetta, Brundusino. *In Venetia, appresso Dom.
Nicolini*, 1592, in-8, v. f. fil.

Dans le même volume : Vera Relatione della vita et morte del M.-R.-P.-F.
Luigi Bertrando dell' ordine de S.-Domenico..., raccolta dal R. P. M. Vin-
centio Giustiniano di Valenza e tradotta... in lingua italiana. *In Roma, per
Bart. Bonfadini, et ristamp. in Napoli per Gio. Carlino*, 1599, in-8.

297. Rime di Anton. Francesco Grazzini, detto il Lasca.
In Firenze, F. Moüke, 1741, 2 vol. in-8, portr. demi-rel.
non rogné.

Bonne édition. Exemplaire en grand papier fort.

298. Opere poetiche di G. C. Croce. Il Baltibecco. *In Bologna*,
1618. — Motti arguti e piacevoli da dirsi su festini, e nelle
veglie in tempo di Carnevale. *In Bologna*, 1618. — L'Arte
della forfateria. *In Bologna*, 1617. — La Sollecita et stu-
diosa Academia de' Gelosi. *Bologna*, 1602, 4 pièces pet.
in-8, br. non rog.

Pièces rares.

299. Vita dell' anima desiderosa di cavar frutto grande dalla
santissima passione di Giesu Christo, composta dal R. P. F.

Bartolomeo Saluthio. *Roma*, 1614, in-8, 36 fig. en taille-
douce, vélin.

Poème en 35 chants, accompagné de méditations en prose.

300. La Zaffetta (per Lorenzo Veniero). *Parigi*, 1861, *impr.
de Ch. Jouaust*, pet. in-8, br.

Réimpression tirée à cent exemplaires, et non mise dans le commerce.
Celui-ci est l'un des dix tirés sur papier de Hollande.

301. La Cazzaria. *Cosmopoli, 1863. Bruxelles, impr. de J.-H.
Briard*, pet. in-8, br.

Réimpression tirée à cent exemplaires, non mise dans le commerce. Celui-
ci est l'un des dix tirés sur papier de Hollande.

302. Luis de Escobar. — Las quatro cientas respuestas á
otras tantas preguntas quel señor don Fadrique Enriquez
Almirāte de Castilla y otras personas, embiaron á preguntar
al autor no nombrado, mas de que era frayle meno con
las cient glosas o declarationes... (à la fin :) *Valladolid,
en casa de Franc. Fernandez de Cordaval (sic)*, 1550, pet.
in-fol. goth. à 2 col. initiales histor., parch.

Première partie de cet ouvrage. Première édition, très-rare. Le douzième
feuillet manque.
La seconde partie a été publiée en 1552.

303. The lamentable Vision of the devoted hermit, translated
by William Yates. *Manchester*, 1813, in-fol. de 12 p. et
2 feuillets prélim., v. ant. compart. à fr.

Volume curieux, imprimé en caractères gothiques, avec des figures sur bois
et des fac-simile du manuscrit original du treizième siècle.
Tiré à trente exemplaires seulement, selon M. Brunet, ou à cinquante,
d'après une note manuscrite en anglais qui se trouve ici. Exemplaire de
M. Monmerqué, avec une note de sa main.

304. Essai sur la Critique, poème traduit de l'anglois de
M. Pope, par milord Antoine Hamilton. *S. l.*, 1736, in-4,
cart.

Traduction en vers, manuscrite et restée inédite, ainsi que le constate une
lettre intéressante de Vanderbourg à Renouard, jointe à ce volume.
Manuscrit d'une belle écriture, contenant 52 pages.

305. Les Quatre Parties du jour, poëme traduit de l'allemand
de M. Zacharie. *Paris, J.-B.-G. Musier*, 1769, in-8, frontisp.
fig. et vign. d'Eisen, v. f.

Bonnes épreuves.

306. Retzsch's outlines to Buerger's ballads Leonora, the
song of the Brave Man, aud the parson's Daughter of Tau-
benhayn, fifteen plates. *Leipsic, Ernest Fleischer*, 1840, in-4
obl., 15 fig. au trait, cart.

IV. POÉSIE DRAMATIQUE.

1. *Poëtes dramatiques français.*

307. J.-J. Rousseau, citoyen de Genève, à **M.** d'Alembert, sur son article *Genève*... et particulièrement sur le projet d'établir un théâtre de comédie dans cette ville. *Amsterdam, Marc-Michel Rey*, 1758, in-8, demi-rel. mar. or. (Édition origin.)

308. Publ. Terentii comœdiæ sex, ex recens. Heinsiana. *Lugd. Batavor.*, *ex officina Elzeviriana*, 1635, pet. in-12, mar. r. fil. tr. dor. (*Rel. anc.*)

309. Danielis Heinsii Herodes infanticida tragœdia. *Lugd. Batavor.*, *ex offic. Elzeviriana*, 1632, pet. in-8, vél.

Jolie édition, en lettres italiques.

310. Adam, drame anglo-normand du XIIe siècle, publié pour la première fois d'après un manuscrit de la bibliothèque de Tours, par Victor Luzarche. *Tours, impr. de J. Bouserez,* et *Paris, L. Potier*, 1854, in-8, br.

311. Mystères inédits du quinzième siècle, publiés pour la première fois.... par Achille Jubinal. *Paris, Techener*, 1837, 2 vol. in-8, avec fac-simile, br.

312. La Pascience de Job selon l'histoire de la Bible.... et est à quarante-neuf personnages. *On les vend à Lyon en la maison de feu Barnabé Chaussard, s. d.* pet. in-4, goth. à 2 col. sign. A-I. demi-rel. mar. r.

Édition précieuse, restée inconnue jusqu'ici. L'exemplaire est malheureusement incomplet du feuillet Fiiij, de la feuille H, et de plusieurs feuillets à la fin. La plus ancienne, citée par M. Brunet, est de Lyon, Jehan Lambany, 1529; la nôtre ne doit pas être postérieure à cette date.

313. La Farce de maistre Pierre Pathelin, avec son testament à quatre personnages. *Paris, Durand,* 1762, pet. in-8, v. m.

314. La Farce des théologastres à six personnages. *Lyon,... iouxte la copie*, 1830, gr. in-8, pap. vél. fort, demi-rel. dos et coins de mar. r. non rog.

Réimpression publiée par M. G. D. (Duplessis), d'après le seul exemplaire qui se trouve actuellement à la Bibliothèque nationale, et tirée à 64 exemplaires seulement.

315. Richecourt, tragi-comédie (attribuée à don Simplicien Gody, religieux de Saint-Vanne), iouxte la copie imprimée à Saint-Nicolas-de-Port, en 1628 (publiée par M. Beaupré).

Saint-Nicolas-de-Port, 1860, in-8, pap. vergé, fac-simile du titre, br.

Tiré à 101 exemplaires.

316. Nitocris, reine de Babylone, tragi-comédie de P. Duryer. *Suiv. la copie impr. à Paris (Leyde, les Elzév.)*, 1650, pet. in-12, non-rel.

Exemplaire grand de marges. Hauteur : 130 mill.

317. Théâtre de P. Corneille, avec les commentaires de Voltaire. *Paris, P. Didot, l'aîné*, an IV, 1795-1796, 10 vol. in-4, pap. vél. br.

Belle édition, qui n'a été tirée qu'à 250 exemplaires.

318. La Mort de Pompée, tragédie (par P. Corneille). *Paris, Ant. de Sommaville*, 1644, in-4, cart. (*Manque le front. gr.*)

Édition originale.

319. OEdipe, tragédie, par P. Corneille. *Suiv. la copie impr. à Paris (Amst., Abr. Wolfgang)*, 1660, pet. in-12, non rel.

Édition rare.

320. D. Bertran de Cigarral, comédie, par le sieur (Thomas) Corneille. *Leyde, Jean Sambix (Elzév.)* 1652, pet. in-12, cart. — Le Feint Astrologue, comédie par le sieur (Thomas) Corneille. *Bruxelles, Fr. Foppens*, 1654, pet. in-12, demi-rel.

Éditions rares.

321. Le Colin-Maillard, comédie facétieuse.... (par Sam. Chappuzeau). *Paris, J.-B. Loyson*, s. d. (1662), pet. in-12, frontisp. gr. non rel. — Damon et Pythias, ou le triomphe de l'amour et de l'amitié, tragi-comédie (par le même). *Amst., J. Ravesteyn*, 1657, pet. in-12, non rel.

322. Le Campagnard, comédie, par M. Gillet. *Impr. à Rouen, pour Guill. de Luyne, libr. à Paris*, 1657, pet. in-12, non rel. — Les Quiproquo, ou le Valet Étourdy, comédie par Rosimond. *Paris, P. Bienfait*, 1663, pet. in-12, demi-rel. v.

323. Les OEuvres de M. Molière. *Amsterdam, Jacques le Jeune*, 1684, 5 vol. pet. in-12, fig. v. br.

324. Le Mariage forcé, ballet du Roy, dansé par Sa Majesté le 29e jour de janvier 1664 (par Molière). *Paris, Robert Ballard*, 1664, pet. in-4 de 6 feuillets, non rel.

325. Le Gentilhomme de Beauce, comédie par J. Mont-Fleury. Suiv. la copie impr. à Paris, (*Amst., Abr. Wolfgang*), 1670, pet. in-12, non rel. — La Fille Capitaine, comédie par le même. *Suiv. la copie impr. à Paris*, 1672, pet. in-12, non rel. — Le Parisien, comédie (par Champmeslé). *Amst., A. Wolfgang*, 1688, pet. in-12, n. rel.

326. Théâtre de Corneille Blessebois, *Paris*, 1864, *impr. Jouaust*, pet. in-8, br.

Réimpression tirée à 150 exemplaires.

327. Les Œuvres de M. Regnard. *Paris, Pierre Ribou*, M.DCCV.XIV. (M.DCC XIV) 2 vol. in-12, frontisp. gr. et fig. v. br.

Dans cette édition rare se trouvent réunies, pour la première fois, les onze principales pièces de Regnard.

328. Théâtre de M. de la Grange-Chancel, revu et corrigé par lui-même. *Amsterdam, Fr. L'Honoré*, 1746, 2 vol. pet. in-12, fig. br. non rog.

329. La Femme docteur, ou la Théologie tombée en que-nouille, comédie (par le P. Bougeant). *Avignon*, s. d., in-12, fig. — Suite de la Femme docteur... ou le Théologien logé à Bicêtre, comédie en cinq actes. *La Haye*, 1732, in-12. — Arlequin janséniste, ou critique de la Femme docteur, comédie. *Cracovie*, 1732, in-12. — Le Saint déniché, ou la Banqueroute des marchands de miracles, comédie (par le P. Bougeant). *La Haye*, 1732 ; ensemble 2 vol. in-12, v. f.

330. Le Passé, le Présent et l'Avenir, comédies, chacune en un acte et en vers, par L.-B. Picard. *Paris, impr. du Postillon, Fiévée* (1791), 3 pièces en 1 vol. in-8, demi-rel. v. f. non rog.

Pièces rares.

331. Les Amours de Colas, comédie du dix-septième siècle en vers poitevins. *Paris, Techener*, 1843, in-8, br.

Réimpression tirée à 55 exemplaires.

2. *Poëtes dramatiques italiens.*

333. La Lena, comedia di messer Lodovico Ariosto. *In Vinegia, per Francesco Bindoni et Mapheo Pasini*, 1538, in-8, portr. sur bois, demi-rel. mar. br. (*Rare*).

334. Scolastica, comedia di M. Lodovico Ariosto. (*Venetia, Seb. Gryphius*, 1547), pet. in-8, mar. r.

335. Rosmunda, tragedia di M. Giovanni Rucellai. *Fiorenza, i Giunti*, 1568, pet. in-8, v. f. fil. tr. dor.

336. Egloga pastorale di Cicro composta per Pierantonio Legacci. *Roma*, 1544, pet. in-8, fig. sur bois à la fin, cart. — I Gelosi, comedia di M. Vincenzo Gabiani. *Vinegia, Gabr. Giolito de' Ferrari*, 1551, pet. in-8, cart.

337. Il Viluppo, comedia di Girolamo Parabosco. *Vinegia, Gabr. Giolito de' Ferrari*, 1547, pet. in-8, v. fil. tr. dor.

338. Cleopatra, tragedia di M. Cesare de' Cesari. *Vinegia, Giovan Griffio,* 1552, pet. in-8. — Scilla, tragedia di Cesare de' Cesari. *Venetia, Giov. Griffio,* 1552, ensemble 2 vol. pet. in-8, v. ant. fil. tr. dor.

Les grandes initiales qui commencent chaque acte de ces deux comédies renferment chacune une scène gravée sur bois.

339. Delle Commedie degl' Academici intronati di Siena, raccolte nuovamente. *Siena, Bart. Franceschi,* 1611, 2 vol. in-12, vél.

Le second volume est un peu plus court que le premier.

340. Notice sur l'Académie italienne des Intronati, par Édouard Cléder. *Bruxelles, C. Muquardt,* 1864, pet. in-8, br.

Tirée à 200 exemplaires.

341. L'Aminta del sig. Torquato Tasso. *In Parma, Erasmus Viotti,* 1581, pet. in-12, v. gr. dent. tr. dor.

Première édition, complète, rare ; mais quatre feuillets de cet exemplaire ont des déchirures mal raccommodées.

342. Il Pastor fido, tragicomedia pastorale del sig. cavalier Battista Guarini. *Amsterdamo, Lodovico Elzevier,* 1640, in-64, fig. mar. r. fil. tr. dor. (*Rel. anc.*)

343. Le Berger fidelle, traduit de l'italien de Guarini, en vers françois (par l'abbé de Torche). *Cologne, P. Marteau, (Holl., Elzév., à la Sphère),* 1671, pet. in-12, frontisp. et fig. vél.

V. ROMANS.

Romans latins, français, italiens, espagnols, etc.

344. Petronii Arbitri Satyricon, ejusdemque fragmenta, illustrata J. Bourdelotii notis criticis et glossario.... edente D° S. S. *Lugduni Batav., apud Just. Livium,* 1645, pet. in-12, mar. r. compart. tr. dor. (*Rel. anc.*)

Jolie édition, dans le genre des Elsévier. Sur les marges de cet exemplaire se trouvent quelques notes d'une jolie écriture du temps.

345. Jo. Barclaii Argenis.... cum clave, hoc est, nominum propriorum elucidatione hactenus nondum edita. *Amstelodami, apud Ludov. Elzevirium,* 1655, pet. in-12, titre gr. vél.

346. Histoire de Gilion de Trasignies et de dame Marie, sa femme, publiée d'après le manuscrit de la bibliothèque de l'Université d'Iéna, par O.-L.-B. Wolff. *Paris,* et *Leipsic,* 1839, in-8, demi-rel. dos et coins de mar. bl.

347. Les Destinées des Amans, tirées des Amours de Philo-
timore, où sont contenues plusieurs notables histoires de
ce temps, par Ph. Tourniol Gueretois. *Paris, Cl. de Latour*,
1603, pet. in-12, vél.

Volume rare. Piqûre de ver dans la marge du haut.

348. Discours de Jacophile du Japon envoyé à Limne de Xi-
men sur le voyage qu'il a fait à Arétipolis ; tiré du cabinet
de M. de Savignac en sa maison d'Ouradour, corrigé et augmenté de nouveau avecques son comment. (*sic*). *S. l.*,
1609, pet. in-8, v. f. (*Mouillures.*)

Relation d'un voyage imaginaire, mêlée de prose et de vers latins, italiens
et français.

M. Brunet, qui ne cite pas cette édition, en indique une autre sous la date
de 1605, pet. in-12, dans la préface de laquelle l'auteur dit qu'il n'en a fait
fait faire qu'une douzaine d'exemplaires.

Exemplaire de Méon.

349. Le Romant Comique de M. Scarron. *Suivant la copie
imprimée à Paris. Amsterdam, Wolfgank (au Quærendo)*,
1668, 2 tom. en 1 vol. pet. in-12, frontisp. gr. vél.

Édition qui se joint à la collection des Elzevier.

350. Les Aventures de Monsieur d'Assoucy. *Paris, Claude
Audinet*, 1678, 2 tom. en 1 vol. in-12, portr. sur bois, cart.

351. Astérie ou Tamerlan, nouvelle. *Paris, Cl. Barbin*, 1676,
pet. in-12, cart.

Exemplaire NON ROGNÉ. Cassure au feuillet 148.

352. Le Lion d'Angélie, suivi du Temple de Marsias, par
Pierre-Corneille Blessebois, avec une notice sur l'auteur et
sur ses ouvrages. *Paris, Jules Gay*, 1862, in-16, br.

Tiré à 115 exemplaires.

353. Les Aventures de Télémaque, fils d'Ulysse (par Fénelon),
(avec les figures gravées d'après les desseins (*sic*) de Charles
Monnet, par J.-B. Tilliard). *Paris, (Didot jeune)* 1785,
2 vol. in-4, nombr. fig., v. m. fil.

Bel exemplaire.

354. Le Temple de Gnide (par Montesquieu). *Paris, Simart*,
1725, in-12, v. f.

Édition originale.

355. L'Homme aux quarante écus (par Voltaire). *S. l.*, 1768,
in-8, broché.

Édition originale.

356. La Pariséide, ou Pâris dans les Gaules (par Godard d'Au-
court). *Paris, Pissot*, 1773, in-8, 2 fig., mar. r. fil. dos
orné, tr. dor. (*Rel. anc.*)

357. Exercices de dévotion de M. Henri Roch, avec Mme la
duchesse de Condor, par feu l'abbé de Voisenon de joyeuse
mémoire et de son vivant membre de l'Académie françoise
(publ. par Meunier de Querlon). *A Vaucluse*, 1786, in-18,
br. non rog.

Facétie rare. Le titre de cet exemplaire est remonté et un peu plus court
que le reste du volume.

358. Les Contes et discours d'Eutrapel (Noël du Fail), par le
feu seigneur de la Hérissaye. *Rennes, Noël Glamet*, 1603,
pet. in-8, v. gr. (*Aux armes du* COMTE DE TOULOUSE.)

359. Les Apres disnes du seigneur de Cholieres. *Paris, Jean
Richer*, 1587, in-16, br.

Réimpression publiée par J. Gay, et imprimée à Bruxelles, chez A. Mertens, en 1863. Tirée à CENT SIX exemplaires.

360. Histoire pitoyable du prince Erastus, fils de Dioclétien,
empereur de Rome, contenant exemples et notables discours, traduits d'italien en françois. *Rouen, Louys Loudet*,
1616, in-16, cart.

361. Il Decameron di messer Boccacci..... ricorretto in Roma,
et emendato secondo l'ordine del sacro Conc. di Trento, et
ricontrato in Firenze con testi antichi et alla sua vera
lezione ridotti..... *In Fiorenza, nella stamp. de i Giunti*,
1573, in-4, cuir de Russie, fil. (*Quelques taches.*)

Les grandes lettres sont ornées de vignettes sur bois.

362. Le Tredici piacevolissime notti di Gio. Francesco Stra-
parola da Caravaggio. *Venetia, Zanetto Zanetti*, 1608, pet.
in-8, nombr. fig. sur bois, vél.

363. Histoires tragiques, extraictes des œuvres italiennes de
Bandel, et mises en langue françoise par Pierre Boisteau
et François de Belle-Forest. *Lyon, Benoist Rigaud*, 1581-
1596, et *Paris, Rob. le Mangnier*, 1571, 6 part. en 5 vol.
in-16, vél.

Les tomes Ier, IIIe, IVe, V^e et VIe sont de l'édition de *Lyon, Benoist Rigaud*, 1581-1596 ; le tome IIe est de celle de *Paris, Rob. le Mangnier*, 1571.

364. I Trattenimenti di Scipion Bargagli dove da vaghe
donne e da giovani huomini rappresentati sono dilettevoli
giuochi e narrate Novelle. *Venetia, Giunti*, 1587, in-4,
demi-rel.

365. Historia del cavalier Flortir, nella quale si ragiona de i
magnanimi fatti, imprese et amori di esso cavalier, con
altre varie aventure..... *In Venetia*, 1581, in-8, parch.

366. Amorosa historia de Isabella e Aurelio da Lelio Aleti-
philo, di lingua castigliana (di J. Flores) in italico idioma

tradotta. *Stampata in Vinegia, per Melchiore Sessa*, 1529, in-8, demi-rel. mar. citr. (*Rare.*)

367. Vida y hechos del ingenioso hidalgo Don Quixote de la Mancha, compuesta por Miguel de Cervantes Saavedra. *En Amsterdam y en Lipsia, por Arkstée y Merkus*, 1755, 4 vol. in-12, portr. et figures grav. par Folkema, cart.

Exemplaire non rogné. Premières épreuves des figures.

368. Tom Jones, ou Histoire d'un enfant trouvé, par Fielding, traduction nouvelle et complète (par M. le comte de la Bédoyère). *Paris, F. Didot,* 1833, 4 vol. in-8, avec 12 fig. de Moreau avant la lettre, br.

369. Les Souffrances du jeune Werther, par Goëthe, traduites par le comte Henri de la B..... (la Bédoyère). *Paris, Crapelet*, 1845, in-8, figures de Tony Johannot, br.

Exemplaire en grand papier vélin fort ; épreuves avant la lettre sur papier de Chine et eaux-fortes.

370. Zuléima, par Caroline Pichler, imité de l'allemand par H. de C. (de Châteaugiron). *Paris, impr. de F. Didot,* 1825, in-18, tiré gr. in-8, dem.-rel. dos et coins de mar. viol. non rog. (*Purgold.*)

Exemplaire en grand papier fort. Un des trente destinés aux membres de la Société des bibliophiles.
Avec envoi d'auteur à M. de la Bédoyère.

VI. FACÉTIES.

371. Opus Morlini, complectens novellas, fabulas et comœdiam..... maxima cura et impensis Petr. Sim. Caron. *Parisiis,* 1799, pet. in-8, dem.-rel. dos et coins de mar. r. (*Thompson.*)

De la collection des pièces facétieuses publiée par P.-S. Caron. Tirée à 56 exemplaires.

372. Collection de poésies et facéties anciennes, publiée par P. S. Caron (Paris, 1798-1806) ; 11 pièces en 8 vol. pet. in-8, rel. cart et br.

Recueil de plusieurs farces, 1612. — Sottie à dix personnages jouée à Genève, 1523. — La Farce de la querelle de Gautier Garguille. — Le Jeu du prince des sots, 1511. — Le Mystère du chevalier qui donna sa femme au diable. — Nouvelle Moralité d'une pauvre fille villageoise. — Le Plat de carnaval. — Opus Morlini. — Chute de la médecine. — Noëls bourguignons. — Chansons folâtres des comédiens.
Collection tirée à 56 exemplaires.

373. Le Bibliophile fantaisiste, ou choix de pièces désopi-

lantes et rares réimprimées en 1869. *Turin, J. Gay*, 1869,
12 livraisons, pet. in-12, br.

Recueil de pièces facétieuses. Tiré à 175 exemplaires seulement.

374. Baliverneries ou Contes nouveaux d'Eutrapel, autrement
dit Léon Ladulfi (anagr. de Noël du Fail). *Paris, par
Est. Groulleau*, 1548, in-18, pap. vél. cart. non rog.

Réimpression faite à Chiswick, par C. Wittingham, en 1815, et tirée à
100 exemplaires.

375. La Lettre de Cornifflerie, imprimé nouvellement. *S. l. n.
d.*, pet. in-8 goth. de 4 feuillets, 4 fig. sur bois, dem.-rel.
mar. r.

Réimpression fac-simile faite par H. Jouy, publiée à Paris, chez Silvestre,
et tirée à *trente* exemplaires seulement.

376. La Source et origine des c... sauvages et la manière de
les apprivoiser..... *Lyon*, 1610. — La Source du gros f......
des nourrices.... *Imprimé pour Yves Bomont..... à Rouen,
s. d.* — Sermon joyeux d'un dép....... de nourrices.....
S. l. n. d. ; — ensemble 3 br. pet. in-8.

Réimpressions faites à Paris, vers 1830.

377. Recueil de la Chevauchée (de l'Asne), faicte en la ville
de Lyon, le dix-septiesme de novembre 1578, avec tout
l'ordre tenu en icelle. *Lyon, par les trois supposts, s. d.*,
in-8, pap. de Holl. dem.-rel. v. v.

Réimpression faite à Lyon, en 1829, chez Barret, et tirée à 100 exemplaires.

378. L'Origine des masques, mommerie, bernez et revennez
ès jours gras de Caresme prenant, menez sur l'asne à re-
bours et charivari..... extraict du livre de la mommerie de
Cl. Noirot. *Lengres, Jehan Chauvetet*, 1609, pet. in-8, cart.

Livre singulier et des plus rares ; mais cet exemplaire est incomplet du
titre et des deux premiers feuillets préliminaires.

379. Almanach pour le temps passé, contenant les mutations
de l'air, et partie des affaires du monde, composé par
M. Jean Guérin, Parisien, cy devant Président de la justice
establie en la cuisine de la royne Marguerite..... *S. l.*,
1624, pet. in-8, dem.-rel. (*Facétie rare*). — Prédictions sur
chacun mois de la présente année 1624 (en vers). *S. l.*,
1624, pet. in-8, de 8 pp. cart.

380. Oraison funèbre du dix-septième siècle. *Toulouse, Pierre
Forest*, 1700, pet. in-12, cart.

381. Mémoires de l'Académie des sciences, inscriptions,
belles-lettres, beaux-arts, etc....., établie à Troyes en
Champagne (par P. Grosley, Le Fevre, David et autres).

Troyes et Paris, Duchesne, 1756, 2 tom. en 1 vol. in-12, frontisp. gr. v. m.

382. Les mêmes mémoires. *Troyes et Paris*, 1756, 2 tom. en 1 vol. in-12, frontisp. gr. v. m.

383. Astutie sottilissime di Bertoldo..... data in luce da Giulio Cesare dalla Croce. *Trevigi et Bassano, Remondin*, 1668, pet. in-8, mar. r. tr. dor.

384. I donneschi Diffetti di Giuseppe Passi Ravennate. *In Venetia, V. Somascho*, 1618, in-4, cart.

Ouvrage rare, plein d'érudition, et dans le genre de la *Grillaia*. Non mentionné par Gamba, Borromeo, Brunet, etc.

385. (P. Hædus.) De Amoris generibus (libri tres). *Tarvisii, per Gerardum (de Lisa) de Flandria*, M. CCCC. XCII (1492), in-4, v. fauve. fil. tr. dor. (*Petit.*)

Très-bel exemplaire de cet ouvrage rare.

386. Dialoghi di amore, composti per Leone Medico, di natione hebreo, et di poi fatto christiano. *Vinegia, in casa de' figliuoli di, Aldo*, 1545, pet. in-8, v. f.

387. Gli Asolani di Messer Pietro Bembo. *Impressi in Venetia, nelle case d'Aldo Romano*, 1505, pet. in-4, bas.

Première édition, rare. Exemplaire grand de marges et bien conservé, contenant l'épître dédicatoire à Lucretia Borgia et le dernier feuillet d'*errata*, qui ne se trouvent pas dans tous les exemplaires.

388. Le Fort inexpugnable de l'honneur du sexe femenin, construit par Françoys de Billon. *On les vend à Paris, chez Jean d'Allyer*, 1555, in-4, portr. figures et encadr. gravés sur bois, vél.

Livre curieux et rare. Sur le titre et en deux autres endroits de cet exemplaire, se trouvent ces mots manuscrits du temps : « *Jammais autre, 1557.* »

388 *bis*. Le Fort inexpugnable de l'honneur du sexe femenin, construit par Françoys de Billon. *On les vend à Paris, chez Jean d'Allyer*, 1555, in-4, nombr. fig. et encadr. gr. sur bois, dem.-rel. dos et coins de mar. viol.

Exemplaire incomplet des deux feuillets 143 et 147.

389. Les Quinze Joyes de mariage, ouvrage très-ancien, auquel on a joint le Blason des fausses amours, etc..... (pièces en vers attrib. à G. Crétin et à Guill. Alexis), le tout enrichi de remarques (par Le Duchat, et d'une préface par La Monnoye). *La Haye, A. de Rogissart*, 1734, in-12, v. m.

VII. PHILOLOGIE.

390. Auli Gellii Noctium Atticarum libri undeviginti. *Vene-tiis, in œdibus Aldi*, M. D. XV, in-8, mar. n. à compart. tr. dor. (*Anc. rel. aldine.*)

391. Incipit liber de doctrina dicendi et tacendi. (In fine :) Ab Albertano Causidico Briciens editus. *Impressusque Lug-duni per magistr. Guillermum Regis (Guill. Le Roy)*, 1487, pet. in-4, goth. de 13 feuillets, dem.-rel. mar. r.

« Édition rare et inconnue... » (*Note de J.-J. de Bure, qui se trouve sur la garde de cet exemplaire.*)

392. La Manière de bien penser dans les ouvrages d'esprit, dialogues (par le P. Bouhours). *Suiv. la copie, Amsterdam, chez Abr. Wolfgang*, 1688, pet. in-12, v. gr.

393. Variétés historiques, physiques et littéraires, ou Re-cherches d'un savant, contenant plusieurs pièces curieuses et intéressantes (publiées par Boucher d'Argis). *Paris, Nyon*, 17"2, 6 part. en 3 vol. in-12, v. m.

Recueil peu commun.

393 *bis*. Dissertations historiques, politiques et littéraires, par l'abbé comte de Guasco. *Tournay, Ve D. Varlé*, 1756, 2 vol. pet. in-8, v. m.

Ouvrage peu commun. Le tome Ier contient des recherches sur l'état des lettres, des sciences et des arts en France, sous les règnes de Charles VI et Charles VII.

394. Mélanges de littérature et d'histoire, recueillis et pu-bliés par la Société des Bibliophiles français. *Paris, impr. de Crapelet*, 1850, in-8, pap. vergé, br.

395. La Ménagerie, par monsieur l'abbé Cotin, et quelques autres pièces curieuses (en vers). *La Haye, P. Du Boys (à la Sphère)*, 1666, pet. in-12, cart.

Petit livre rare.

396. Annales compéricotontinaires, ou Recueil de ce qui s'est fait dans notre Société, soit à Beaumont, soit à l'occasion de la tontine, ou autres. *S. l. n. d.* 2 vol. in-4, v. m. (*Armes.*)

Manuscrit du dix-huitième siècle, formant environ 1,800 pages. C'est un recueil de nombreuses pièces satiriques, burlesques et galantes, en prose et en vers.

397. Tresor de sentences dorées, dicts, proverbes et dictons communs, reduits selon l'ordre alphabetic, avec le Bouquet de philosophie morale..... par Gabr. Meurier. *Lyon, pour Benoist Rigaud*, 1582, in-16, v. gr.

Petit livre rare.

398. Perroniana, sive excerpta ex ore cardinalis Perronii per
F. F. P. P. (per fratres Puteanos). *Genevæ, apud Petr.
Columesium*, 1669, in-12, mar. r. fil. coins ornés, tr. dor.
(*Rel. anc.*)

En français.

399. Mélanges d'histoire et de littérature, par M. de Vigneul
Marville (dom Bonav. d'Argonne). Quatrième édition.....
augmentée, (par M*** (l'abbé Banier). *Paris, Claude Pru-
dhomme*, 1725, 3 vol. in-12, v. m.

400. Ducatiana, ou remarques de feu M. Le Duchat, sur
divers sujets d'histoire et de littérature, recueillies dans
ses manuscrits et mises en ordre par M. F. (Formey). *Amsterdam, Pierre Humbert*, 1738, 2 vol. in-12, frontisp. gr.
v. m.

401. Emblesmes ou devises chrestiennes, composées par damoiselle Georgette de Montenay. *La Rochelle, par Jean
Dinet*, 1620, pet. in-4, 100 fig. de Woeiriot, rel. en parch.

Livre curieux pour les figures de Woeiriot. Cette édition est la même que
la première, de 1571, dont le titre seulement a été rajeuni. Le huitième
feuillet prélim. manque.

VIII. DIALOGUES. — ÉPISTOLAIRES.

402. Les Conversations sur divers sujets, par mademoiselle
de Scudéry. *Amsterdam, Daniel du Fresne*, 1682, 2 tom. en
1 vol. pet. in-12, frontisp. gr. vél. — La Morale du Monde,
ou Conversations, par M. de S. D. R. (Mlle de Scudéry).
Amsterdam, Pierre Mortier, 1686, 2 tom. en 1 vol. pet. in-
12, frontisp. gr. vél.

403. Les Entretiens d'Ariste et d'Eugène (par le P. Bouhours).
Paris, Séb. Mabre-Cramoisy, 1671, in-12, mar. r. fil. tr.
dor. (*Le bas du titre est remmargé.*)

Aux armes de COLBERT.

404. L'Amoroso Convivio di Dante. *Vinegia, Marchio Sessa*,
1531, pet. in-8, demi-rel. dos et coins de mar. r.

405. I Dialogi di messer Speron Sperone. *Vinegia, in casa
de' figlivoli di Aldo*, 1542, pet. in-8, vél.

406. C. Plinii Cæcilii Secundi epistolarum libri X et Pane-
gyricus, accedunt variantes lectiones. *Lugd. Batavorum, ex
officina Elseviriorum*, 1640, in-12, v. f. fil. fermoir en argent. (*Rel. anc.*)

Exemplaire de Renouard, avec beaucoup de notes marginales d'une écriture du dix-septième siècle.

407. Æneas Silvius. Incipit epistola Enee poete de fortuna ad dominū Procopiū (de Ratertsteyn) militem. (*Absque nota, circa* 1480), pet. in-4, sem.-goth. de 9 feuillets non chiffrés, à 27 lig. par page, cart.

Première édition, rare.

408. Epistolæ (familiares) Marsilii Ficini florentini. (In fine :) *Per Antonium Koberger impræsse* (*sic*) anno M.cccc xcvii, in-4 de 243 feuillets chiffrés et 10 feuillets prélim., vél. historié. (*Rel. anc.*)

Exemplaire bien conservé.

409. Lettres amoureuses et morales des beaux esprits de ce temps, enrichies de plusieurs rares discours et belles harangues par F. D. R. (Fr. de Rosset). *Paris, vefve Abel l'Angelier*, 1612, pet. in-12, vél.

On trouve dans ce recueil curieux 3o lettres d'amour de Ph. des Portes, qui n'existent pas ailleurs, et d'autres de Malherbe, de Du Vair, du duc d'Espernon, etc.

410. Lettres de M. Arnauld d'Andilly. *Jouxte la copie à Paris, chez Pierre le Petit* (*Brux., Foppens*), 1662, pet. in-12, vél.

Jolie édition.

411. Les Nouvelles Œuvres de Monsieur Le Pays. *Amsterdam, Abr. Wolfgang*, 1674, 2 part. en 1 vol. pet. in-12, frontisp. gr. vél.

412. Lettres de Marie Rabutin-Chantal, marquise de Sévigné, à madame la comtesse de Grignan, sa fille. *S. l.* (*Holl.*), 1726, 2 vol. in-12 de 381 et 324 pages, v. br.

Édition originale de 134 lettres. Rare.
Exemplaire de M. Walckenaer, avec une note de sa main, et sa signature sur la garde.

413. Lettres portugaises, avec les imitations en vers par Dorat (et une notice histor. par Mercier de S. Léger, accomp. de notes par Barbier). *Paris*, 1806, in-12, gr. pap. vél. br.

414. Lettres portugaises.... avec une notice bibliographique (par M. de Souza). *Paris, F. Didot*, 1824, in-12, demi-rel. mar. viol. (*Mouillures.*)

415. Lettere del Mutio Justinopolitano. *Firenze, Bartolommeo Sermarelli*, 1590, in-4, demi-rel. n. rog. (*Mouillures*).

IX. POLYGRAPHES. — COLLECTIONS. — MÉLANGES.

416. Lucien, de la traduction de N. Perrot, S. d'Ablancourt, avec des remarques. *Amsterdam, Pierre Mortier*, 1709, 2 vol. pet. in-8, frontisp. gr. fig., v. gr.

Édition recherchée pour les figures.

417. M. Tullii Ciceronis Opera, cum optimis exemplaribus accurate collata. *Lugduni Batavorum, ex officina Elzeviriana,* 1642, 10 vol. pet. in-12, vél.

Exemplaire grand de marges. H. : 128 millim. Piqûre de ver au tome II.

418. Magistri Philippi de Barberii opuscula, cum præfat. s. de Lignamine ad Sixtum IV, Pont. Max. (In fine :) *Impressum Romæ (Phil. de Lignamine),* Mcccc. Lxxxxi, in-4, vél.

Volume rare. On y remarque 29 figures très-curieuses, gravées sur bois, où sont représentées les 12 sibylles, les 12 prophètes, Proba Falconia, le Christ, saint Jean-Baptiste, la sainte Vierge et Platon.

419. Recueil d'opuscules latins de Ambr. Jason de Mayno, célèbre jurisconsulte, et autres ; en 1 vol. in-4, demi-rel.

Savoir : Jasonis Mayni jureconsulti... ad sereniss. Maximilianum invictiss. Romanorum regem : in auspicatissimis ejus et Auguste Blanchemarie nuptis, epithalamion. (In fine :) *Ex pretorio Bononie octavo septemb.* 1494, 8 feuillets, goth. — Ejusdem... Oratio habita in funere excellentiss. jurisconsulti Hieronymi Torti... *Anno* 1484, 6 feuillets, goth. — Guilelmi Caoursin Rhodior. vicecancellarii oratoris precellentiss. magistri Rhodi : ad Summum Pontif. Innocentium papam octavum oratio... *Anno* 1485, 2 feuill. goth. — Bonifacii Bembi in sapientissimi principis Ludovici laudes oratio in scholis Papiensis hita. 1494, 4 feuillets, lettres rondes. — Ludovici Imolensis... in funere reverendiss. Domini dom. Petri Ferrici tituli Sixti (quarti) presbiteri Cardi. et episcopi Lirasonensi oratio feliciter incipit... *S. d.,* 4 ff. goth. — Oratio in funere illustris domini Leonardi de Robore Alme urbis perfecti ducis Archie ac regni Sycilie magni Comestabilis... a Rever. P. D. Francisco episcopo Cauriensis ac s. d. n. pape datario. *S. d.,* 3 f. goth.

Pièces rares impr. dans le xvᵉ siècle.

420. Œuvres d'Estienne Dolet. Le Second Enfer d'Est. Dolet. *Lyon,* 1544. — Deux Dialogues de Platon, trad. en langue françoyse. *S. l.* 1544. — Cantique d'Est. Dolet, prisonnier à la Conciergerie. *S. l.* 1544. — La Manière de bien traduire d'une langue en autre. *Lyon,* 1540. — Genethliacum Cl. Doleti. — L'Avant-Naissance de Cl. Dolet, *Lyon,* 1539. (*Paris, Techener,* 1830), 2 vol. in-12, cart. n. r.

Réimpression tirée à 120 exemplaires.

421. Les Œuvres de feu M. Claude Fauchet (Antiquitez gauloises et françoises,.... Recueil de l'origine de la langue et poésie françoise, ryme et romans...). *Paris, Jean de Heuqueville,* 1610, in-4, v. f. fil.

422. Balzac (J.-L. Guez de). Lettres choisies. *Amsterdam, les Elseviers,* 1656. — Aristippe, ou de la Cour. *Leide, J. Elsevier,* 1658, frontisp. gr. — Les Entretiens. *Leide, J. Elsevier,* 1659. — Œuvres diverses. *Amsterdam, Dan. Elsevier,* 1664 ; ensemble 4 vol. pet. in-12, v. et vél.

423. Ouvrages divers de Gabriel Peignot.

Ce numéro sera divisé :

1. Manuel bibliographique, ou Essai sur les bibliothèques anciennes et modernes, et sur la connaissance des livres... *Paris, an IX* (1800), in-8, demi-rel. non rog.

2. Amusements philologiques, ou Variétés en tous genres... par G. P. Philomneste. *Paris, A.-A. Renouard*, 1808, in-8, demi-rel. mar. r. tête dor.

3. Amusements philologiques, seconde édition, revue, corrigée et augmentée, par G. P. Philomneste. *Dijon, Victor Lagier*, 1824, in-8, demi-rel. dos et coins de mar. r. tête dor.

4. Bibliothèque choisie des classiques latins... Plan de l'ouvrage. *Paris, Ant.-Aug. Renouard*, 1813, in-8, demi-rel. mar. v.

5. Précis chronologique du règne de Louis XVIII, en 1814, 1815 et 1816... *Paris, Renouard, et Dijon*, 1816, in 8, demi-rel. mar. v. (*L'un des dix exemplaires sur papier vélin.*)

6. Du Luxe de Cléopâtre dans ses festins avec Jules César et Marc-Antoine. *Dijon*, 1827, in-8.

7. Recherches sur les ouvrages de Voltaire. *Paris*, 1816, in-8.

8. Histoire d'Hélène Gillet. *Dijon, V. Lagier, et Paris*, 1829, in-8, cart: non rog. (*Exemplaire tiré sur* PAPIER BLEU, *avec quelques lignes de la main de l'auteur sur la garde.*)

9. De la Semaine. *Dijon*, 1830, in-8.

10. Notice des ouvrages tant imprimés que manuscrits de G. Peignot. *Paris, Crapelet*, 1830, in-8.

11. Essai historique sur la liberté d'écrire chez les anciens et au moyen âge et depuis le xve siècle. *Paris, Crapelet*, 1832, in-8.

12. Essai historique et archéologique de la reliure des livres et sur l'état de la librairie chez les anciens. *Paris et Dijon*, 1834, in-8, 2 pl.

13. D'une Pugnition divinement envoyée aux hommes et aux femmes, pour leurs paillardises et incontinences désordonnées (en 1493); par P. Stephen Aliberg. *A Naples et en France, Paris, Techener*, 1836, in-8, br.

14. De la Liberté de la presse à Dijon au commencement du xvie siècle... *Paris, Techener, et Dijon, Lagier*, 1836, br. in-8.

15. Recherches historiques et bibliographiques sur les autographes et l'autographie. *Dijon, Frantin*, 1836, in-8.

16. De Pierre Arétin, notice sur sa fortune, sur les moyens qui la lui ont procurée, et sur l'emploi qu'il en a fait. *Paris et Dijon*, 1836, in-8.

17. Recherches sur l'origine et l'étymologie du mot Pontife. *Dijon*, 1838, in-8.

18. Quelques recherches sur d'anciennes traductions françaises de l'Oraison dominicale. *Dijon, Victor Lagier*, 1839, in-8, br.

19. Notice sur un bas-relief représentant les figures mystérieuses et symboliques dont les quatre évangélistes sont ordinairement accompagnés. *Dijon, imprim. de Douillier*, 1839, br. in-4. (*Tirée à 60 exempl.*)

20. Quelques recherches sur le tombeau de Virgile au mont Pausilippe. *Dijon*, 1840, in-8.

21. Le Livre des singularités, par G. P. Philomneste. *Dijon, V. Lagier*, 1841, in-8, cart.

424. Fragments littéraires de lady Jeanne Grey, reine d'Angleterre, traduits en français et précédés d'une notice sur la vie et les écrits de cette femme célèbre, par Édouard Frère. *Rouen, Ed. Frère*, 1832, gr. in-8, pap. de Holl., portr. cart. non rog.

Tiré à petit nombre.

425. Recueil de thèses latines, ou pièces singulières sur la
Théologie, la Jurisprudence, la Médecine, etc.... (du XVIIe
et du XVIIIe siècle); 15 pièces en 1 vol. in-4, demi-rel. v. f.

Ce recueil contient, entre autres pièces : *Bustum Virginis Magdeburgicæ
historica et politica luce illustratum.* S. l., 1631. in-4 de 19 pages. — *Dis-
putationem theologicam de lingua beatorum in altera vita...* 1700. — Jo.
Leonhardi Frœreisenii, *de Charlataneria theologorum...* 1737. — *De Joanne
Boccatio veritatis evangelicæ teste disserit simulque ad actum valedictorum...*
invitat M. Joan. Georgius Hager. *Chemnicii,* 1675. — *Opizii Jocoserii...
dissertatio juridica de eo, quod justum est circa spiritus familiares fœmina-
rum...* cui annexa *Actio injuriarum nasi contra podicem. Amsterodami,* 1743,
48 pages, etc., etc.

426. Recueil de pièces curieuses et amusantes, tant en prose
qu'en vers (de différents auteurs). *Paris, Du Vignon,* 1753,
30 parties en 5 vol. in-12, v. br.

Recueil rare et curieux. C'est le même, et de la même édition, que celui publié à *la Haye,* chez Moetjens, en 1694-1701 ; les titres seuls ont été chan-
gés. Le tome Ier manque à cet exemplaire, qui n'a par conséquent que vingt-
quatre parties en quatre volumes.

427. Recueil de pièces de différents auteurs du XVIIe siècle,
en prose et en vers, imprimées et manuscrites. Odes, épitaphes (d'Ant. Arnauld), éloges, épîtres en vers, lettres
d'évêques, etc... 1694, environ 60 pièces en 1 vol. in-4.

Recueil formé par le P. Pouget, prêtre de l'Oratoire, confesseur de la Fontaine, avec une table et quelques notes de sa main.

428. Mélanges provenant de la bibliothèque de M. de Lamoignon (recueil de pièces nombreuses en prose et en
vers, imprimées et manuscrites, relatives à l'histoire du
XVIIe siècle). En 3 vol. in-fol. v. m.

On trouve dans ce recueil des pièces de Boileau, le Laboureur, Santeuil,
Ménage, Perrault, du Cerceau, Lenglet, le Clerc, etc....

429. Mémoires ou extraits de littérature, de géographie,
d'histoire ecclésiastique, de polygraphie, de biographie,
de bibliographie, par Née de la Rochelle. 10 vol. in-8, cart.

Manuscrit autographe. (*Catalogue de Née de la Rochelle,* n° 2,439.)

430. Opuscules philosophiques et littéraires (par madame du
Chastelet, Thomas, Necker, Diderot et autres; publ. par
Suard et Bourlet du Vauxcelles). *Paris, impr. de Chevet,*
1796, in-12 tiré in-8, pap. vél. br.

Recueil rare sur ce papier.

431. Brochures sur la littérature, l'histoire, l'archéologie, la
biographie et la bibliographie, par Grille, P. L. Jacob (Paul
Lacroix), Paulin Paris, Raynouard, le baron de Reiffenberg,
le comte Rœderer, A.-L. Millin, etc... 43 brochures in-8.

Plusieurs de ces brochures ont été tirées à petit nombre.

HISTOIRE.

1. GÉOGRAPHIE — VOYAGES.

432. La Geographia di Claudio Tolomeo... nuovamente tradotta di greco in italiano da Jeronimo Ruscelli. *In Venetia, appresso Giordano Ziletti,* 1564, 3 part. en 1 vol. pet. in-4, fig. et cartes, mar. r. à compart., tr. ciselée et dor. (*Rel. du temps dont le dos a été refait.*)

433. Géographie ancienne abrégée, par M. d'Anville. *Paris, Merlin,* 1768, 3 vol. in-12, frontisp. de Gravelot, cartes, mar. r. fil. tr. dor. (*Rel. anc. avec armoiries de Maupeou recouv. de mar.*)

434. Discorso di cosmographia in dialogo (da Franc. Bellinato). *Venetia,* 1573, pet. in-8, mar. r.

435. Dictionnaire interprète-manuel des noms latins de la géographie ancienne et moderne, pour servir à l'intelligence des auteurs latins... (par Esprit-Joseph Chaudon). *Paris, Lacombe,* 1777, in-8, v. m.

436. Libro di Benedetto Bordone, nel qual si ragiona de tutte l'Isole del mondo con li lor nomi antichi et moderni, historie, favole.... *Impresse in Vinegia per Nicolo d'Aristotile, detto Zoppino....* 1528, in-fol. fig. sur bois, demi-rel.

Première édition, rare.

437. Recueil de 28 cartes géographiques gravées sur bois, représentant les diverses parties du monde avec les noms en allemand. (*Basle, Adam Petri,* vers 1523), encadrements gravés sur bois; in-fol. v. est.

La date de 1523 se trouve, ainsi que le monogramme d'Adam Petri, dans l'encadrement qui précède la onzième carte.

438. Catalogue des cartes géographiques, topographiques et marines de la bibliothèque du prince Alexandre Labanoff de Rostoff, à Saint-Pétersbourg, suivi d'une notice de manuscrits. *Paris, F. Didot,* 1823, gr. in-8, demi-rel. v. ant. non rog.

L'un des 30 exemplaires en grand papier vélin.

439. Choix des Lettres édifiantes, écrites des Missions étrangères, avec des additions, des notes.... par M. (l'abbé de Montmignon). *Paris, Maradan,* 1808-1809, 8 vol. in-8, v. rac.

440. Notes d'un voyage dans l'ouest de la France, par Pr. Mérimée. *Paris, Fournier*, 1836, in-8, br. (Rare).

441. Journal d'un voyage en Savoie et dans le midi de la France, en 1804 et 1805, par L.-C. Henri de la Bédoyère. *Paris, impr. de Crapelet*, 1849, gr. in-8, figure de Moreau, br.

Exemplaire en grand papier de Hollande, avec la figure avant la lettre sur papier de Chine et l'eau-forte.

442. Les Observations de plusieurs singularitez et choses mémorables trouvées en Grèce, Asie, Judée, Égypte, Arabie et autres pays étranges (*sic*), rédigées en trois livres par Pierre Belon, du Mans. *Paris, Hierosme de Marnef*, 1588, in-4, fig. sur bois, vél.

Bel exemplaire, grand de marges. Sur les gardes se trouvent de longues notes manuscrites du temps.

443. Voyage pittoresque de la Grèce (par le comte de Choiseul-Gouffier). *Paris*, 1782, in-fol., nombreuses gravures et vues gravées par J.-B. Tilliard... d'après les dessins de l'auteur, cartes géogr. v. m. tr. dor.

: Bel exemplaire du premier volume, en papier de Hollande. Premier tirage.

444. Voyage pittoresque de la Grèce... Tome second (de l'ouvrage précédent). *Paris*, 1809, in-fol. figures, cart. non rog. (*Première partie.*)

445. Voyages faits principalement en Asie dans les XIIe, XIIIe, XIVe et XVe siècles, par Benjamin de Tudèle, Jean du Plan-Carpin, N. Ascelin, Guill. de Rubruquis, Marc-Paul Vénitien, Haiton, Jean de Mandeville et Ambroise Contarini; accompagnés de l'histoire des Sarasins et des Tartares.... par Pierre Bergeron. *La Haye, J. Neaulme*, 1735, 2 tom. en 1 vol. in-4, figures et cartes, v. m.

446. Views in Egypt from the original drawings in the possession of sir Robert Ainslie, taken during his embassy to Constantinople by Luigi Mayer. *London, R. Bowyer*, 1801, in-fol. pap. vél. fort, figures color. cart. non rog.

447. Views in the Ottoman dominions in Europe in Asia and some of the Mediterranean islands, from the original drawings taken for sir Robert Ainslie, by Luigi Mayer. *London, R. Bowyer*, 1810, 2 vol. in-fol. pap. vél. fort, figures color. cart. non rog.

448. Voyage du chevalier des Marchais en Guinée, isles voisines, et à Cayenne, fait en 1725, 1726 et 1727, contenant une description très-exacte... de ces païs.... par le Rév.

Père Labat. *Amsterdam,* 1731, 4 vol. in-12, frontisp. gr.
fig. et cartes. cart.

Exemplaire NON ROGNÉ.

II. HISTOIRE UNIVERSELLE.

449. LE COMPENDIUM HYSTORIAL des polices des empires,
royaulmes et choses publicques, nouvellement translaté de
latin en françois (par Henri Romain, chanoine de Tournay).
... *Imprimé à Paris par Nicolas Couteau*... l'an 1528, *pour
Galliot du Pré,* pet. in-fol. goth. fig. sur bois, non rel.

Belle édition. Cet exemplaire a quelques mouillures, et une légère déchirure au coin de la marge d'un feuillet.

450. De la Collection des Républiques, *imprimées en Hollande,*
savoir : 34 volumes *imprimés par les Elseviers,* 1626-1649.
— 8 vol. *imp. par J. Maire,* 1630-1634; — et 3 vol. *impr.
par J. Blaeu,* 1632-1635. — Ensemble 44 vol. pet. in-16,
mar. et vél.

451. Discours sur l'histoire universelle,... par Bossuet. Seconde édition. *Paris, Séb. Mabre-Cramoisy,* 1682, in-12,
v. gr.

Seconde édition.

452. Histoire des inaugurations des rois, empereurs et autres
souverains de l'univers, depuis leur origine jusqu'à présent, suivie d'un précis sur l'état des arts et des sciences
sous chaque règne... par M*** (dom Ch. Bévy, bénédictin).
Paris, Moutard, 1776, in-8, planches de costumes, rel. en
basane.

453. Cérémonies funèbres de toutes les nations, par le sieur
Muret. *Paris, Estienne Michallet,* 1679, pet. in-12, v. f. fil.
(*Koehler.*)

III. HISTOIRE DE LA RELIGION CHRÉTIENNE.

455. Pontificum Romanorum effigies... opera et studio Joan.
Bapt. de Cavalleriis collectæ ac typis æneis incisæ. *Ex
typographia Dominici Basanæ* (et in fine :) *Rome, apud
Franc. Zanettum,* 1580, in-8, frontisp. gr. 230 portr. v. br.
fil. dos et milieux ornés, tr. dor. (*Rel. du temps.*)

Exemplaire bien conservé.

456. Histoire de Sixte-Quint, sa vie et son pontificat, par
M. A.-J. Dumesnil. *Paris, veuve J. Renouard,* 1869, in-8,
broch.

457. Le Trésor sacré, ou Inventaires des sainctes reliques et autres précieux joyaux qui se voyent en l'église et au thrésor de l'abbaye royale de Sainct-Denys en France... par dom Germain Millet. *Paris, Jean Billaine,* 1645, pet. in-12, frontisp. gr. mar. viol. tr. dor. (*Closs.*)

458. Incomentia la Vita del glorioso seraphico padre San Francescho, compilata per il rever. patre et doctor eximio mesere Bonaventura. *Impressa questa opera p. magistro Antonio Zaroto da Parma in Milano M. CCCC. LXXVII,* in-4, goth. à 2 col. demi-rel.

Première édition de cette traduction. Rare. Quelques piqûres de vers.

459. Dissertation sur l'inscription du grand portail du couvent des Cordeliers de Reims... par le sieur de Saint-Sauveur (J.-B. Thiers). *S. l.,* 1673, in-12, demi-rel.

Petit livre rare.

460. Le Cabinet jésuitique, contenant plusieurs pièces très-curieuses des R. P. Jésuites, avec un recueil des mystères de l'Église romaine. *Cologne, Jean le Blanc (Holl.),* 1678, pet. in-12, frontisp. et 4 fig. satiriques, vél.

A la fin du volume se trouve, avec un titre séparé et une pagination à part : *Légende véritable de Jean le Blanc. S. l.,* 1678. Pièce satirique, en vers, contre l'hostie consacrée, dont la première édition a été imprimée en 1575.

461. Recueil de 18 pièces relatives aux Jésuites... 1594-1629, pet. in-8, non rel.

Plaidoyer de M. Antoine Arnauld... contre les jésuites.... 12 et 13 juillet 1594. *Paris, Mamert-Patisson,* 1594. — Le Tocsin au roy, à la royne... contre le livre de la puissance temporelle du Pape... du cardinal Bellarmin, jésuite. *On les vend à Paris...* 1610. — Lettre déclaratoire de la doctrine des jésuites, par le P. Coton... *Paris, Cl. Chappelet,* 1610. — Anticoton..., où il est prouvé que les jésuites sont coupables du parricide... de Henri IV, etc., etc.

462. Histoire des corporations religieuses en France, par M. E. Dutilleul. *Paris, Amyot,* 1846, in-8, br.

463. Le Livre des légendes, par Le Roux de Lincy. *Paris, Sylvestre,* 1836, in-8, demi-rel. v. ant.

464. Vita del V. F. Francesco del Bambin Giesu, religioso dell' ordine de' Carmelitani scalzi, scritta in lingua spagnuola dal P. F. Giuseppe di Giesù Maria, e tradotta dal P. F. Gerolamo di S. Teresa, *In Genova,* 1654, in-4, mar. r. fil. tr. dor. (*Aux armes du pape Clément XI.*)

465. La Vie de saint Louis de Gonzague, par le P. Pierre-Joseph d'Orléans, reveüe et augmentée. *Paris, Marc Bordelet,* 1727. — La Vie de saint Stanislas Kostka, par le même. *Paris, Bordelet*, 1727, en 1 vol. iu-12, mar. r. fil. tr. dor. (*Rel. anc.*)

466. Explicatione del lenzuolo ove fù involto il Signore et delle piaghe in esso impresse, col suo pretioso sangue, confrontate con la Scrittura, profeti e padri, con la notitia de molte piaghe occulte et numero de chiodi, et con pie meditationi de' dolori della B. Vergine, da Alfonso Paleotto. *In Bologna, per gli heredi di Gio. Rossi*, 1538, in-4, titre gravé et 3 planches, cart.

Livre rare et curieux.

467. De Particula ex pretioso et vivifico ligno sacratissimæ crucis Salvatoris Jesu Christi desumpta sacris imaginibus et elogiis eodem ligno incisis insignita et in Apostolico sacrario asservata commentarius, a Fr. Angelo Rocca... *Romæ, apud Guil. Facciottum*, 1609, in-4, fig. sur bois, parch.

467 *bis*. Mémoires pour servir à l'histoire de la Fête des Fous qui se faisoit autrefois dans plusieurs églises, par M. du Tilliot. *Lausanne et Genève*, 1751, in-8, fig. v. m.

468. Historia mirabilis quatuor heresiarcharum ordinis Predicatorum et Observantia apud Berneñ. combustorum anno M. D. IX. *S. l. et a.*, in-4, goth. non rel.

Pièce rare, ornée de 17 figures sur bois très-curieuses. Cet exemplaire a plusieurs piqûres de vers.

469. Die war History von den vier Ketzer Prediger Ordens, zu Bern. in der Eydgnosschafft verbrant. — Ein schoen Lied von der unbefleckten Entpfengknusz Marie. *S. l. n. d.*, in-4, goth. fig. en bois sur le titre, cart.

Livre curieux et rare. Traduction de l'ouvrage précédent.

470. Catalogus hæreticorum omnium pene qui a scriptoribus passim literis proditi sunt, nomina, errores, et tempora quibus vixerunt ostendēs, a Fr. Bernardo Lutzenburgo..... quatuor libris conscriptus. *S. l. n. d.* (vers 1522), pet. in-4, goth. fig. sur bois bizarres, non rel.

Livre curieux.

IV. HISTOIRE ANCIENNE.

471. Les Cinq premiers livres des Histoires de Polybe... avec trois parcelles du VIe, une du VIIe, une du VIIIe, une du XVIe, traduits par Louis Maigret... ausquelz de nouveau sont adjoutées les subséquentes parcelles des livres IX à XVI, toutes traduites par lui... *A Lion, par Jan de Tournes*,

1558, in-fol. encadr. du titre gr. sur bois, non rel. (*Quelques mouillures.*)

Bel exemplaire.

472. Dionysii Halicarnassei originum sive antiquitatum romanarum libri X (latine, interprete Lappo Birago). *Impressum Tarvisii, per Bernadinum Celerium de Luere, anno M. CCCC. LXXX,* in-fol. caract. rom. vél.

Première édition, rare, de cette traduction latine. Cet exemplaire a des piqûres de vers aux derniers feuillets.

473. Römische Historien Titi Livii mit etlichen newē Translatioñ so kurtzverschienen Jaren im bohē thum Styfft zu Mentz in latein, erfunden und vorhyn nit mer gesehen... *S. l.,* 1522, in-fol. goth. nombr. fig. sur bois, rel. en bois, dos de v. f. orné.

Édition rare de cette paraphrase allemande de Tite-Live. Les nombreuses figures sur bois dont elle est ornée sont belles et curieuses.

474. Nervæ et Trajani, atque Adriani Cæsarum vitæ ex Dione, Georg. Merula interprete. Ælius Spartianus, Julius Capitolinus, etc... ab Joan. Bapt. Egnatio diligent. castigati..... Ejusdem Jo. Bapt. Egnatii de Cæsaribus libri tres; etc. (*In fine:*) *Venetiis, in ædibus Aldi et Andreæ soceri,* 1519, in-8, lettres ital. mar. br. compart. tr. dor. (*Rel. du temps.*)

475. Julii Cæsaris Bulengeri Romanus imperator, ubi de insignibus imperii, purpura, diademate, corona... et reliquis imperii ornamentis abunde explicatur. *Parisiis, apud Claud. Morellum,* 1614, in-4, mar. r. compart. fleurons au milieu des plats, tr. dor. (*Rel. anc.*)

V. HISTOIRE MODERNE.

1. *Histoire de France.*

476. Éclaircissemens géographiques sur l'ancienne Gaule (par l'abbé Belley), précédés d'un traité des mesures itinéraires des Romains et de la lieue gauloise, par M. d'Anville. *Paris et la Haye,* 1743, in-12, cartes, v. m.

477. Histoire des Celtes et particulièrement des Gaulois et des Germains... par Simon Pelloutier; nouvelle édition augmentée par M. de Chiniac. *Paris, Quillau,* 1770-7, 8 vol. in-12, portr. v. m.

A la fin du tome VIIIe: *Discours sur la nature et les dogmes de la religion gauloise, servant de préliminaire à l'histoire de l'Eglise gallicane,* par M. de Chiniac. *Paris,* 1769, in-12.

478. Le même ouvrage. 8 vol. in-12, v. m.

479. Histoire critique de la Gaule Narbonnoise, qui comprenoit la Savoye, le Dauphiné, la Provence, le Languedoc, le Roussillon et le comté de Foix, avec des dissertations (par des Ours de Mandajors). *Paris, Grég. Dupuis*, 1733, in-12, v. gr.

480. Mémoires pour servir à l'histoire des Gaules et de la France, par M. Gibert. *Paris, Bernard Brunet*, 1744, in-12, cart. non rog.

481. Mémoires de l'Académie celtique, ou Recherches sur les antiquités celtiques, gauloises et françaises, publiée par l'Académie celtique. *Paris, Dentu*, 1806, 5 vol. in-8, planches, br.

482. Recherches sur les prérogatives des dames chez les Gaulois, sur les cours d'amour, ainsi que sur les priviléges qu'en France les mères nobles transmettoient à leurs descescendans... par le président Rolland. *Paris, Nyon l'aîné*, 1787, in-12, br. non rog.

483. Histoire de France avant Clovis... par le sieur de Mézeray. *Amst° dam, Abr. Wolfgang*, 1688, in-12, frontisp. gr. vélin.

Exemplaire grand de marges.

484. Dissertations sur l'origine des Francs, sur l'establissement et les premiers progrès de la monarchie françoise dans les Gaules, etc..., avec une histoire abrégée des rois de France en vers (par Ribaud de la Chapelle). *Paris, Chaubert*, 1748, in-8, non rel.

485. Histoire de l'ancien gouvernement de la France, par le comte de Boulainvilliers. *La Haye et Amsterdam*, 1727, 3 vol. in-12, v. gr.

486. Histoire critique de la monarchie françoise dans les Gaules, par M. l'abbé Dubos. *Paris*, 1742, 4 vol. in-12, carte, v. m.

487. Veterum scriptorum et monumentorum moralium, historicorum, dogmaticorum, ad res ecclesiasticas, monasticas et politicas illustrandas, collectio nova... opere et studio Edmondi Martene. *Rotomagi, et veneunt Parisiis, apud Joan. Guilletat*, 1700, 2 tom. en 1 vol. in-4, mar. r. fil. dos orné, tr. dor. (*Rel. anc.*)

Tome Ier d'un recueil qui n'a pas eu de suite. On y trouve plusieurs pièces sur l'histoire de France, et entre autres celle-ci : *Histoire des guerres d'Italie par les Bretons, sous le pontificat de Grégoire XI, écrite en vers françois par Guillaume de la Perenne, qui y estoit présent, l'an 1377, 72 pages.*

488. Meslanges historiques et recueils de diverses matières pour la pluspart paradoxalles, et néantmoins vrayes... par Pierre de Sainct-Julien. *Lyon, Benoist Rigaud*, 1589, in-8,

blason gravé sur bois, après l'épître et l'avant-propos, vél.

Recueil de dissertations curieuses sur l'histoire de France.
Exemplaire du président Hénault.

489. Mélanges historiques et critiques, contenant diverses pièces relatives à l'histoire de France, etc. (par Damiens de Gomicourt). *Amsterdam et Paris, de Hansy,* 1768, 2 vol. in-12, v. gr.

490. Recueil des roys de France, de leurs couronne et maison, ensemble le rang des grands de France, par Jean du Tillet... plus une chronique abbrégée, par M. J. du Tillet, évesque de Meaux, frères... *Paris, Abel l'Angelier,* 1607, in-4, 3 part. en 1 vol. fig. demi-rel. v. bl.

491. Le Second livre des Recherches de la France, par Estienne Pasquier. *Paris, pour Claude Senneton,* 1565, in-4, vélin.

Exemplaire grand de marges. Sur les marges et à la fin, quelques notes manuscrites du temps. — Edition originale.

492. Les Observations de diverses choses remarquées sur l'Estat, couronne et peuple de France, tant ancien que moderne, recueillies de plusieurs autheurs par Regnault Dorleans, conseiller au siége présidial de Vennes en Bretagne. *Vennes, de l'impr. de Jean Bourellier,* 1597, in-4, demi-rel. (*Rare.*)

493. Carte générale de la monarchie françoise, contenant l'histoire militaire, depuis Clovis... jusqu'à la quinzième année du règne de Louis XV, 1730, par Lemeau de la Jaisse. *Paris,* 1733, in-fol. fil. parch.

494. Commentaire sur les enseignes de guerre des principales nations du monde, et particulièrement des François, par Est. Claude Beneton (de Peyrins). *Paris, Thiboust,* 1742, in-12, v. br.

495. Dissertation sur les tentes ou pavillons de guerre, par M. Beneton de Perrin. *Paris, Gonichon,* 1785, in-12, non relié.

496. Recueil général des pièces obsidionales et de nécessité, dans l'ordre chronologique des événemens, avec l'application des faits historiques qui ont donné lieu à leur fabrication... par Tobiesen Duby. *Paris, Debure,* 1786, gr. in-4, pap. fort, cart. non rog.

Bel exemplaire.

497. La Mer des histoires et croniques de France. *Paris, Galliot du Pré,* 1517 et 1518, 4 vol. pet. in-fol. goth. à 2 col. vél. et non rel.

Édition rare et la plus complète des *Chroniques de Sainct-Denis.* Elle contient de plus que les premières les règnes de Charles VIII, de Louis XII, et le commencement de celui de François Ier.

On trouve en outre, en tête de l'ouvrage, une partie nouvelle de 170 feuillets, contenant une introduction, où il est traité des premiers âges du monde et de l'origine des Français et des Bretons.

L'exemplaire est bien conservé, mais il manque au tome Ier les ff. 189 et 190.

498. LES ANCIENNES ET MODERNES GÉNÉALOGIES des roys de France et mesmement du roy Pharamond, avec leurs épitaphes et effigies (par Jean Bouchet). *On les vend à Paris en la rue Sainct Jacques à l'enseigne de la fleur de lys d'or* (et à la fin :) *imprimez l'an* 1537, in-8, goth., portraits gr. sur bois, demi-rel.

Édition rare. Exemplaire avec des notes manuscrites du seizième siècle sur les marges et à la fin du volume.

499. Le Mirouer his*orial de France. *Imprime a Paris pour Galliot du Pre.* (A la fin :) Cy finist le Mirouer historial et Recueil des hystoires de France, depuis lexidion de Troyes le grand, jusques en lan mil cens et seize. *Et a ete acheve de imprimer... le xviij[e] jour de febvrier mil cinq cens et seize,* in-fol. goth. belles figures sur bois, bas. anc.

Livre rare, cité par erreur par M. Brunet (Manuel, II, col. 1439), comme étant une réimpression de la Chronique de Gaguin. C'est un ouvrage tout à fait différent.

Notre exemplaire est grand de marges et bien conservé, sauf qu'on a enlevé, en face de la page 91, la moitié du tableau généalogique de la maison de France depuis saint Louis, qui ne fait pas partie de la pagination et qui pourrait manquer sans qu'on s'en aperçût. En outre une lettre ornée a été coupée à la page 27.

500. Les Croniques de France, excellens faictz et gestes des tres chrestiens roys et princes qui ont resgne au dit pays depuis lexidion de Troye la grande jusques au resgne du tres chrestien... roy Françoys premier... composees en latin par frere Robert Gaguin... et depuis translatees en françoys (par Desrey). *Paris pour François Regnault et Jehan Frellon, s. d. (vers* 1515), in-fol. goth. fig. sur bois, bas. anc.

Édition rare qui n'est point indiquée dans le *Manuel du libraire*. Bel exemplaire. Petite piqûre de ver dans la marge d'en bas.

501. Abrégé chronologique des grands fiefs de la couronne de France, avec la chronologie des princes et seigneurs..... (par Brunet). *Paris, Desaint et Saillant,* 1759, in-8, v. m. fil.

502. Recueil concernant les Estats tenus sous plusieurs roys de France, avec figures, harangues, ordres et cérémonies observées en iceux. *Paris, M. Gobert,* 1614, 3 part. (la 2e et la 3e *impr. à Paris, jouxte la copie, par Federic Morel,* 1588) en 1 vol. pet. in-8, fig. vél.

Avec une grande planche représentant les états tenus à Orléans en 1560.

503. ACOLTI (Ben.). De Bello a Christianis contra barbaros gesto pro Christi sepulchro et Judæa recuperandis, lib. IIII. *Venetiis, per Bern. Venetum de Vitalibus*, 1532, in-4, v. f. fil. dent. tr. dor. (*Première édition.*)

504. Mémoires pour servir à l'histoire de France et de Bourgogne, contenant un journal de Paris sous Charles VI et Charles VII, l'histoire du meurtre de Jean sans Peur..... (recueillis par l'abbé de Salles, et publiés par de La Barre). *Paris, J. Mich. Gandouin*, 1729, 2 tom. en 1 vol. in-4, br. non rog.

505. Charles du Lis. Opuscules historiques relatifs à Jeanne d'Arc, dite la Pucelle d'Orléans, nouvelle édition, précédée d'une notice sur l'auteur, accompagnée de notes..... par M. Vallet de Viriville. *Paris, Aug. Aubry*, 1856, pet. in-8, 2 gr. tabl. généal. br.

L'un des HUIT exemplaires en papier vélin, avec un second titre sur papier rose, une figure et un portrait ajoutés.

506. CRONIQUE et HYSTOIRE faicte et composee par feu messire Philippe de Commines..... contenant les choses advenues durāt le regne du roy Loys unziesme, tant en France, Bourgogne, Flandres, Arthois, Angleterre, que Espaigne et lieux circonvoisins..... (à la fin :) *Et fut achevee dimprimer le septiesme jour du moys de septembre en lan mil cinq cens XXIIII, par Anthoine Couteau, pour Galliot du Pré*, in-fol. goth. de 4 feuillets pour la table et 112 feuillets chiffrés, v. br.

Seconde édition des Mémoires de Commines. Cet exemplaire a quelques mouillures.

507. PETRI FLORES Hispani Episcopi Castellimaris Oratio habita Romæ, de summo pont. eligendo Julii II. Pont. max. successore. *Sans lieu ni date* (1512), in-4 10 ff. non rel.

Il s'y trouve une description de la bataille de Ravenne.

508. Le Trespas, obsèques et enterrement de..... François par la grâce de Dieu roy de France.... premier de ce nom.....; les deux sermons funebres prononcez es dictes obseques, l'ung à Nostre-Dame de Paris, l'autre à Sainct-Denys en France ; par Pierre du Chastel. — Petri Castellani magni Franciæ eleemosynarii vita, auctore Petro Gallandio..... Steph. Babuzius..... edidit et notis illustravit. *Parisiis, Fr. Muguet*, 1674, in-8, v. br.

La pièce en français, que nous avons placée ici en tête, forme la seconde partie du volume.

509. Oratione del S. Pietro Angelio da Barga, fatta in Fiorenza nell' essequie del re Arrigo (II) Valesi, re di Francia. *Bologna, Rossi*, 1559, in-4 de 8 feuillets, cart.

510. Histoire contenant un abbrégé de la vie, mœurs et ver-
tus du roy tres-chrestien et debonnaire Charles IX, vraye-
ment piteux, propugnateur de la foy catholique et amateur
des bons esprits..... par A. Sorbin, dict de Saincte Foy.....
doct. en theol. de Thoulouse. *Paris, Guill. Chaudière,* 1574,
pet. in-8, non rel.

511. Recueil d'édits et arrêts plus particulièrement relatifs à
l'administration, à la jurisprudence, aux finances, rendus
sous les règnes de Henri II, Charles IX, Henri III, Henri IV,
Louis XIII et Louis XIV, 1543 à 1666; — environ 150
pièces pet. in-8 non reliées.

512. Recueil de soixante-dix pièces relatives au règne de
Charles IX, 1561-1574, pet. in-8, non-reliées.

Ordonnance du roy Charles IX... sur les Estats d'Orléans... *Paris, J. le
Fèvre,* 1561. — Plusieurs pièces sur la pacification des troubles du royaume.
— Ordonnance du Roy par laquelle il enjoint à tous de la religion prétendue
reformée sortir et vuyder hors la ville de Paris, dans vingt-quatre heures.
Paris, Guill. de Nyverd (26 décembre 1567). — Bulle de N. S. P. le Pape
pour l'aliénation de cent mille escus de rente, pour subvenir... aux necessitez
de la guerre contre les rebelles... *Paris,* 1569, etc., etc.

513. Environ soixante pièces sur le règne de Henri III, 1575-
1587, pet. in-8, non reliées.

Discours de la desconfiture des publicains par les capitaines de l'armée
de monseigneur le duc de Montpensier... *Paris,* 1575. — Proposition de la
noblesse de France, faite par M. Claude de Bauffremont..., aux Estats tenus
en la ville de Bloys l'an 1577. — *Lyon,* 1577. — Déclarations du Roy de Navarre sur les calomnies publiées contre luy... *Nismes,* 1585..., etc., etc.

514. Le Théâtre de France, auquel est contenue la resolution
sur chacun doubte qui a retenu la noblesse de se joindre à
l'Union catholique (par Ch. de Boss., bar. d'Esc.)..... *Paris,
Guill. Bichon,* 1589. — Représentation de la noblesse hérétique sur le Théâtre de France, par M. O. Raynssant de
Viezmaison. *Paris, G. Bichon,* 1591 ; — en 1 vol. pet. in-8,
dem.-rel.

515. Environ 92 pièces sur la fin du règne de Henri III, en
grande partie relatives aux Etats de Blois, 1588-1589,
pet. in-8, non-reliées.

Harangue faite par le roy Henry troisiesme... à l'ouverture de l'assemblée
des trois Estats... le 16 octobre 1588. *Orléans* (1588). — Nouvelles de la
cour, escrites de Blois, contenantes, entre autres choses, l'élection de ceux qui
presideront aux Estats... *Paris, Didier Millot,* 1588. — Discours au vray de la
defaicte des reistres, du prince de Béarn, à Connerré, par M. le comte de
Brissac... *Lyon,* 1589. — Les Derniers Propos de Henry de Valois, jadis roy
et tyran de France... *Lyon,* 1589, etc., etc.

516. Recueil de pièces relatives aux États généraux de Blois,
1588-1589 ; 20 pièces en 1 vol. pet. in-8, dem.-rel.

L'Ordre des Estats... *Lyon, Jean Pillehotte,* 1589. — Harangue faite par le

Roy... *Lyon*, 1588. — Advis aux François de la résolution prise aux Estats de Bloys contre Henry de Bourbon, soy disant roy de Navarre... *Lyon*, 1589. *(Piqûre de vers dans la marge.)* — Lettre du roy de Navarre aux trois Estats... 1589, etc.

517. Recueil de 8 pièces sur le duc d'Espernon, 1588-1619, pet. in-8.

Histoire tragique et mémorable de Pierre de Gaverston..., dédiée à M. le duc d'Espernon. *S. l.*, 1588, pet. in-8, non rel. (2 *éditions différentes.*) — Réponce à l'Anti-Gaverston de Nogaret... 1588. — Arrest du Parlement donné le 4 juillet 1612, entre Françoise de Foix de Candale et monsieur le duc d'Espernon... *S. l.*, 1612. — Lettre du Roy envoyée à M. le duc d'Espernon, ensemble la première et dernière Responce dudict sieur d'Espernon au Roy. *Paris*, 1619. — *Id...* ensemble la troisiesme Lettre dudict sieur d'Espernon envoyée au Roy... *Jouxte la copie... à Paris*, 1619, etc.

518. Six pièces relatives à l'assassinat des Guise, 1589, pet. in-8, non reliées.

Responce aux justifications prétendues par Henry de Valois, sur les meurtres et assassinats de MM⁵ʳˢ le cardinal et duc de Guyse. *Paris*, 1589. (*Taches.*) — Constitution du pape Innocent quatriesme faite au concile général de Lyon... contre ceux qui font assassiner quelqu'un... *Paris, Didier Millot*, 1589. — Bulle de N. S. P. le pape Sixte V, contre Henry de Valois. *Paris, Nicol. Nivelle*, 1589, etc.

519. Cleri Turonensis hymni duo..... — Deux hymnes du clergé de Tours, l'un auparavant la bataille, et l'autre après la victoire de Sainct-André d'Ivry, au roy Henri IIII, roy de France et de Navarre, tournez du latin. *Augustæ Turonum*, 1590, in-8, br.

Copie manuscrite, faite par M. Méon.

520. Environ 85 pièces relatives au règne de Henri IV, 1590-1599; pet. in-8, non reliées.

521. Satyre Ménippée de la vertu du catholicon d'Espagne et de la tenue des Etats de Paris..... (avec des notes de Le Duchat et des additions de Prosper Marchand). *A Ratisbone, chez les héritiers de Mathias Kerver*, 1726, 3 vol. in-8, portr. et fig. curieuses, v. gr.

522. Du Devoir de la noblesse et autres estats de France envers leur roy, par L. P. du marquisat de Saluces. (*S. l.*) *Imprimé nouvellement*, 1590, pet. in-8, de 110 pages, cart.

Ouvrage écrit en faveur de Henri IV par un protestant qui déduit les raisons par lesquelles le roi ne doit point se convertir à la religion catholique. C'est surtout un traité de polémique contre l'Eglise romaine.

523. Discours et rapport véritable de la conférence tenue entre les deputez de la part du roy et messieurs les princes, prelats, seigneurs et autres catholiques..... avec les deputez de M. le duc de Mayenne..... *Rouen, Pierre Courant.....* 1593, pet. in-8, non rel.

Pièce curieuse.

524. Les Avantures du baron de Fœneste, par Théod. Agrippa
d'Aubigné..... enrichies de notes par M*** (Le Duchat).
Amsterdam (Paris, Jacq. Guérin), 1731, 2 vol. in-12. v. m.
Édition estimée.

525. Histoire des singeries de la Ligue...... (par Jean de la
Taille). *S. l.*, 1596, in-8, de 15 feuillets, figure sur bois,
non rel.
Pièce rare. Exemplaire trop rogné.

526. Quarante-cinq pièces historiques et satiriques, en vers,
sur les règnes de Henri IV et Louis XIII; 1600-1631, pet.
in-8, non reliées.
Prophéties de maistre Noël-Léon Morgard... au roy Henry le Grand pour
ses estreunes en l'an 1600; 15 pages. (*Quelques feuillets trop rognés.*) — Chant
triumphal sur les versions du nom du Roy. *Lyon*, 1601. — Le Rameau de
Verte-Espine... 1610. — L'Hymne de la paix, chantée par toute la France par
les laboureurs, vignerons et paysans... *Paris*, 1614. — L'Echo royal des
Thuileries... 1617. — L'Homme de Ruel au Roy... 1617. — Le Pasquin
des affaires du temps... 1619. — Stances sur la santé du Roy, par Théophr.
Renaudot... 1627, etc., etc.

527. Arrêt de la Cour de Parlement, contre Jean Chastel,
escholier estudiant au Collége des Jésuites, pour le parricide par luy attenté sur la personne du roy. *Paris, Jamet
Mettayer, la Haye*, 1595, pet. in-4, cart.

528. Environ 45 pièces sur la fin du règne de Henri IV, 1600-
1610; pet. in-8, non reliées.

529. Les Négociations de monsieur le président Jeannin.
*Jouxte la copie de Paris, chez Pierre le Petit (Leyde, Nic.
Hercules)*, 1659, 2 vol. pet. in-12, portr. vél.
Jolie édition, qui se joint à la collection des Elzévier.

530. Genethliac, ou Triomphe de la naissance de monsieur le
Dauphin, par M. Guillaume Jouly. *Paris, Claude Morel*, 1601,
pet. in-8, non rel. — La Naissance de l'enfant Dauphin, en
langue latine, par M. Papirius Masson, et traduit en françois.
Lyon, Thibaud Ancelin, 1601, pet. in-8, de 15 pp. non rel.
—La Joye de la France sur la naissance du prince Dauphin,
par A. de Nerveze. *Rouen, Martin le Megissier*, 1601, in-8,
de 15 pp., non rel.

531. Testament d'excellente et vertueuse dame Leonor de
Roye, princesse de Condé. *S. l.*, 1604, pet. in-8 de 38 pp.,
non rel.

532. Les Imprécations et furies contre le parricide commis
en la personne sacrée de Henry IIII..... traduictes du latin
de N. Borbonius, par J. Prevost, du Dorat (en vers). *Paris,
Rob. Estiene*, 1610, pet. in-8, non rel. — Lamentations et
regrets sur la mort de Henry le Grand, à l'imitation de la

monodie grecque et latine de Fed. Morel (en vers)..... par Isaac de la Grange. *Paris, J. Libert,* 1610. (*Piqûre de vers dans la marge.*) — Stances et regrets..... par Anthoine Cottevaille. *Paris, P. Ramier,* 1610. — Divers sonnets et épigrammes sur la mort de Henry le Grand..... *S. l. n. d.,* pet. 8, cart.

533. Dix pièces relatives à la mort de Henri IV, 1610, pet. in-8, non reliées.

Les Larmes et sanglots de la désolée France... *Paris, Jean du Carroy,* 1610. — Arrest de la cour de parlement contre le très-meschant parricide Francois Ravaillac. *Paris, Ant. Vitray,* 1610. — Oraison funèbre récitée à Rome... par Jacques Seguier, de Rhodez. *Paris, Jean du Carroy,* 1610, etc.

534. Le Convoy du cœur de..... Henry le Grand, IIII du nom, très-chrestien roy de France et de Navarre, depuis la ville de Paris jusques au Collége royal de La Flèche. *Paris, François Rezé,* 1610, pet. in-8 de 32 pages, non rel.

Pièce rare.

535. L'Ordre prescrite des ceremonies faictes et observées à S. Jean de Lus, à l'échange des infantes de France et d'Espagne, avec les harangues faictes..... *Paris, Sylv. Moreau,* 1615, pet. in-8, non rel. — Contract de mariage de Louys treiziesme..... avec la sereniss. infante dame Anne d'Autriche..... *S. l. n. d.* (1615), pet. in-8, non rel.

536. Anagrammes de Louis de Bourbon, roy de France, et d'Anne d'Autriche, avec les sonnets. *Paris, Fl. Bourriquant,* 1614, in-8, 4 ff., portr. de Louis XIII, br.

537. Environ 105 pièces relatives aux premières années du règne de Louis XIII, 1610-1615; pet. in-8, non reliées.

537 *bis.* Environ 55 pièces relatives au règne de Louis XIII, 1624-1637, pet. in-8, non reliées.

538. Recueil de 32 pièces sur le règne de Louis XIII; 1614-1631; en 5 vol. pet. in-8, dem. rel. v. v.

Entre autres : Extraict de l'inventaire qui *c'est* (*sic*) trouvé dans les coffres de monsieur le chevalier de Guyse, par mademoiselle d'Antraige, et mis en lumière par monsieur de Bassompierre... *S. l.,* 1615. — Le Guidon françois, ensemble Rhadamante armée de vengeance. *S. l.,* 1620. — Le Diogène françois. — L'Homme de Diogèue... *S. d.* — La France mourante. *S. d.* — Les Tapisseries de la Bastille. *S. l.,* 1624, etc., etc.

539. Environ 105 pièces sur l'histoire du règne de Louis XIII, 1616-1623, pet. in-8, non reliées.

540. Satyre de maistre Guillaume (en vers). *S. l.* 1614. — Le Reveil de maistre Guillaume aux bruits de ce temps..... *S. l.,* 1614. — La Nouvelle Lune de maistre Guillaume sur l'heureux retour de M^{grs} les princes. *S. l.,* 1614. — La Remonstrance de Pierre du Puis sur le resveil de maistre

Guillaume..... *Paris, Pierre Bardin*, 1614; en 1 vol. pet. in-8, dem.-rel. mar. v. — Les Articles des cayers generaux de France, presentees par maistre Guillaume aux Estats (en vers). *S. l. n. d.* — La Responce de maistre Guillaume au soldat françois..... à Fontainebleau. *S. l.*. 1605. — Suite des rencontres de maistre Guillaume en l'autre monde. *S. l.*, 1609, pet. in-8, non rel.

541. Mémoires du mareschal de Bassompierre, contenant l'histoire de sa vie et de ce qui s'est fait à la cour de France.... *Cologne, chez Pierre du Marteau (Holl., à la Sphère)*, 1666, 2 vol. pet. in-12, vél.

542. Maximes d'Estat, ou Testament politique d'Armand du Plessis, cardinal de Richelieu (avec une préface et des notes par Marin, et la lettre de Foncemagne sur l'authenticité de l'ouvrage). *Paris, impr. de Le Breton*, 1764, 2 vol. in-8, v. gr.

Bonne édition.

543. Historia del ministerio del cardinale Giulio Mazarino, dal conte Gualdo Priorato. *In Colonia (Holl., Elzevier)*, 1669, 3 vol. pet. in-12, v. f. dos fleurdelis. (*Rel. anc.*).

543 *bis*. Registres de l'Hôtel de Ville de Paris pendant la Fronde, suivis de ce qui s'est passé dans la ville et l'abbaye de Saint-Denis à la même époque, publiés par MM Le Roux de Lincy et Douët-d'Arcq. *Paris, J. Renouard*, 1846-48, 3 vol. in-8, br.

544. Recueil de dix-sept pièces (Mazarinades en vers burlesques). In-4. dans un portefeuille.

Agréable récit d ce qui s'est passé aux dernières barricades de Paris. *Paris, Nic. Besson*, 1649, 25 pp. — Agréable récit de ce qui s'est passé devant et depuis l'enlèvement du roy, hors la ville de Paris. *Paris, Jacq. Guillery*, 1649, 16 pp. — Antinopcier (l'), ou le Blasme des nopces de M. de Mercœur avec la niepce de Mazarin. *A Amiens, s. d.*, 12 pp. — La Berne mazarine, suite de la Mazarinade, 1651, 8 pp. — La Bouteille cassée, attachée avec une fronde au cul de Mazarin..., satyre divertissante. *Paris*, 1652, 15 pp. — Le Catéchisme de la cour. *Paris, Ph. Clément*, 1652, 8 pp. — Le Gouvernement présent, ou Eloge de Son Eminence, satyre, ou la Miliade. *S. d.*, 15 pp. — La Guerre civile. *Paris, Cl. Huot*, 1649, 11 pp.—La Nouvelle Mazarinade. *Paris*, 1652, 8 pp. — Le Nocturne Enlèvement du roy hors de Paris, la nuict des Roys. *Paris, Arn. Cottinet*, 1649, 32 pp. — Plainte du carnaval et de la foire Saint-Germain. *Paris, Cl. Huot*, 1649. 8 pp. — Recueil général de toutes les chansons mazarinistes. *Paris*, 1649, 27 pp. — Les Triolets du temps, selon les visions d'un petit-fils du grand Nostradamus. *Paris, D. Langlois*, 11 pp., etc.

Pièces rares.

545. Recueil de 100 pièces (Mazarinades en vers burlesques). 1649, pet. in-4, non reliées.

La Guerre civile. *Paris, Cl. Huot*, 1649, 11 pp. — Plainte du carnaval et de la foire Saint-Germain..., 8 pp. — Récit de ce qui s'est passé à la confidence de Ruel..., 8 pp. — Mazarin aux pieds du Parlement..., 7 pp. — Lettre surprise escrite à Jules Mazarin par ses niepces..., 8 pp. — Satyre sur le grand adieu des niepces de Mazarin à la France..., 8 pp. — L'Adieu de Mazarin..., 4 pp. — La Catastrophe burlesque sur l'enlèvement du roy, avec la représentation du Miroir enchanté, dans lequel on voit la justification de Mazarin en place de Grève..., 12 pp. — Les Triolets du temps, selon les visions d'un petit-fils du grand Nostradamus... *Paris, Denys Langlois*, 1649, 1* pp. — Triolets sur le ton royal, pour la conférence de Rueil. *Paris, Jacques Guillery*, 1649, 8 pp. — Triolets sur la conférence de Rueil. *S. l.*, 1649, 12 pp. — Le Mathois, ou Marchand meslé propre à tout faire. *Paris, Jean Henault*, 1649, 12 pp. — Les Regrets de l'absence du Roy..., 8 pp. — Le Burlesque *On* de ce temps, qui sait tout, qui fait tout, et qui dit tout..., 8 pp. — Suite et seconde partie du burlesque *On*.... 8 pp. — L'Adieu de Jules Mazarin à la France, à Paris et au Parlement. *Paris, Mathurin Henault*, 1649, 6 pp. — Le départ des Allemands et Polonois du chasteau de Meudon. *Paris, J. Guillery*, 1649, 7 pp..., etc., etc.

546. Recueil de 45 pièces historiques (Mazarinades), 1649, pet. in-4, non reliées.

Second recueil des pièces curieuses de ce temps. *Sur les copies impr. à Paris et à Rouen*, 1649, 44 pp. — Louange de la générosité des Parisiens pendant le siége de leur ville. *Paris, Cl. Huot*, 1649, 8 pp. — La Manne céleste, ou l'Heureuse Arrivée du premier convoy de vivres à Paris, avec la généreuse sortie des Parisiens. *Paris, Fr. Noël*, 1649, 8 pp. — Relation véritable de ce qui s'est fait et passé à la prise et réduction du Château-Trompette... 1649. — Le Courrier bourdelois... *Paris*, 1649. — Lettre de M. le mareschal de Ranzau, gouverneur de Dunquerque... 1649. — Catéchisme des partisans... 1649, 32 pp. — Catéchisme des courtisans de la cour de Mazarin..., etc., etc.

547. Douze Pièces historiques sur la Fronde, 1649-1652; en 12 plaq. pet. in-4, cart.

Lettre du Roy sur la deffaite des trouppes de M. le prince de Condé devant la ville de Coignac, et la prise d'une des tours de la Rochelle, du 17 nov. 1651. *Paris, P. Rocolet*, 1651. — Relation véritable de ce qui s'est passé à la levée du siége de Coignac... *Paris*, 1651. — Relation de la prise du Pont-de-Cé, 1652. — La Deffaicte des troupes du comte d'Harcourt, dans le Périgord, par le colonel Balthazard. *Paris*, 1752. — La Deffaicte des troupes du marquis de Sauvebœuf, par celles de monsieur le prince, sous la conduite du sieur Balthasar (à Périgueux). *Paris, Nic. Vivenay*, 1652. — Relation véritable, contenant tout ce qui s'est fait et passé au siége de Ville-Neufve d'Agenois, où les trouppes du comte d'Harcourt ont été défaites... *Paris, Guill. Desprez*, 1652. — Relation véritable de ce qui s'est passé à la prise du village de la Pointe, situé à la cheute de la rivière du Mayne dans la Loire. *Paris, P. Rocolet*, 1652. — Lettre du Roy envoyée à M. le mareschal de l'Hospital..., sur la réduction de la ville et château de Taillebourg. *Paris*, 1652. — Le Courrier envoyé à Son Alt. R. par monsieur le prince de Condé, contenant l'ordre de la bataille (de Châtillon-sur-Saône), les noms et le nombre des chefs, tant morts, blessez, que prisonniers. *Paris*, 1652. — La Relation véritable, contenant la prise de la ville et chasteau par force de Montargis... *Paris*, 1652. — Le Courrier de la cour... envoyé de Gien... *Paris*, 1652, etc.

548. La Conférence de Janot et Piarot Doucet, de Villenoce, et de Jaco Paquet de Pantin, sur les merveilles qu'il a veu dans l'entrée de la reyne, ensemble comme Janot luy raconte ce qu'il a veu au *Te Deum* et au feu d'artifice. *Paris,* 1660, in-4 de 12 pages, non rel.

Pièce rare, en patois burlesque des environs de Paris, qui contient une relation de l'entrée de la reine Anne d'Autriche à·Paris.

549. Les Heureux Augures du triomphe de Louis quatorsiesme sur tous les rois du monde..... et les véritables images d'Anne d'Autriche, de Marie-Therese d'Austriche, par le P. J.-B. de Cassillac, capucin. *Paris, Gilles Tompere,* 1665, in-4, vél.

Cet ouvrage est un véritable tour de force *anagrammatique.* L'auteur, en retournant vingt-quatre fois les mots *Louis quatorsiesme, roi de France et de Navarre,* y trouve les noms des patriarches, des héros, des rois et des monarques qui ont donné commencement aux sept âges et aux quatre monarchies du monde, avec les noms de leurs royaumes, etc.

550. Les Pourtraicts de la cour pour le present, c'est-à-dire du roy, des princes, et des ministres d'Estat et autres. *Cologne (Holl.),* 1667, pet. in-12, dem.-rel. v.

551. Nouveaux Caractères de la famille roïale, des Ministres d'État et des principales personnes de la cour de France, avec une supputation exacte des revenus de cette couronne. *Ville-Franche, Paul Pinceau,* 1703, pet. in-12, cart.

Petit livre curieux et rare.

552. Mémoires de Monsieur de Lyonne au roy, interceptez par ceux de la garnison de Lille... *S. l. (Bruxelles, Fr. Foppens),* 1668, pet. in-12, vél.

553. Mémoires de M. Colbert, contenant un recueil des édits, déclarations et ordonnances, arrêts et règlements, enregistrez en la chambre des comptes, ensemble les observations et remarques y contenues. 5 vol. in-4, v. m.

MANUSCRIT. Ce titre est celui du quatrième volume, plus complet que celui du premier volume, qui est intitulé : *Mémoires sur les ordonnances, par M. Colbert.*

Ce recueil coutient des traités élémentaires de droit civil ou politique, offrant les connaissances générales de cette science telles qu'il convient de les donner à l'homme destiné à diriger les affaires de l'Etat. Le Traité *sur le conseil d'Etat,* qui commence à la fin du quatrième volume et continue dans le cinquième, est l'un des plus curieux de ce recueil.

Ces différents travaux paraissent avoir été faits pour l'instruction du marquis de Seignelay, fils de J.-B. Colbert.

Ce manuscrit provient de la bibliothèque de M. de Monmerqué.

554. Mémoires anecdotes de la cour et du clergé de France, par le sieur Jean-Bapt. Denis... *Londres,* 1712, in-12, frontisp. gr. et portr., v. m.

Ouvrage curieux et rare, dans lequel il est pour la première fois question d'un prétendu mariage clandestin de Bossuet avec mademoiselle *** (Desvieux de Mauléon).

555. Mémoires pour servir à l'histoire de madame de Maintenon et à celle de son siècle, par M. de la Beaumelle. — Lettres de Mad. de Maintenon. *A Maestricht, chez Jean-Edme Dufour, et Philippe Roux*, 1778, 16 vol. in-12, cart. non rog.

556. Souvenirs de madame de Caylus. *Amsterdam, Marc-Mich. Rey*, 1770, pet. in-8, br. non rog.

557. Journal de la Régence (1715-1723), par Jean Buvat, publié pour la première fois et d'après les manuscrits originaux.... accompagné de notes par Émile Campardon. *Paris, H. Plon*, 1865, 2 vol. in-8, br.

558. Journal et mémoires de Mathieu Marais, avocat au Parlement de Paris, sur la Régence et le règne de Louis XV (1715-1737), publiés pour la première fois.... avec une introduction et des notes, par M. de Lescure. *Paris, F. Didot*, 1863-64, 2 vol. in-8, br.

559. Réflexions sur mes entretiens avec M. le duc de la Vauguyon, par Louis-Auguste, Dauphin (Louis XVI), précédées d'une introduction par M. de Falloux. *Paris, J.-P. Aillaud*, 1851, in-8, fac-simile, demi-rel. dos et coins de mar. bl. (*Kœhler.*)

560. État des Gardes du corps du roi, pour l'année 1779. *Paris, Knapen, et Versailles, Desforges*, 1779, pet. in-12, br. rog.

561. Correspondance de madame Élisabeth de France, sœur de Louis XVI, publiée par F. Feuillet de Conches. *Paris, H. Plon*, 1868, in-8, portr. br.

562. Procès-verbal de l'Assemblée de notables tenue à Versailles en l'année 1787 (et en l'année 1788). *Paris, Impr. royale*, 1788-1789, 2 vol. in-4, v. m. fil. tr. dor.

Aux armes de Mesdames, filles de Louis XV.

563. Gravures historiques des principaux événemens depuis l'ouverture des états généraux de 1789. Tome premier. *Paris, Jannet et Cussac*, 1789. in-8, v. noir.

Recueil curieux de nombreuses planches gravées à la manière noire, avec texte explicatif imprimé. On y a joint plusieurs autres gravures sur les mêmes sujets, mais différentes des premières ; en face de quelques-unes se trouvent des explications manuscrites du temps.

564. Bouquet qui a été présenté à Marie-Antoinette.... par un Sans-Culotte, et mention des événemens de la Saint-Laurent qui cadrent avec ceux de la Saint-Barthélemy.... (signé Boussemart.). *S. l. n. d.*, in-8, br. — Semonce à la Reine. *S. l. n. d.*, br. in-8. — Lettre à la Reine. *S. l. n. d.*, br. in-8.

565. Constitution de la République française (dite de 1793), précédée de la déclaration des Droits de l'Homme, et le rapport du Comité de constitution, et le procès-verbal d'acceptation par le peuple français. *Dijon, impr. de P. Causse*, an II, 1793, in-18, pap. vél., br. non rog.

566. ROBESPIERRE. Rapport sur les principes de morale politique qui doivent guider la Convention nationale dans l'administration intérieure de la République.... 18 pluviôse an II. *Impr. nationale*, br. in-8. — Rapport.... sur les rapports des idées religieuses et morales avec les principes républicains et sur les fêtes nationales.... 18 floréal, an II. *Paris, Impr. nationale*, br. in-8. — Discours prononcé.... à la Convention nationale dans la séance du 8 thermidor de l'an II.... *Paris, Impr. nationale*, an II, br. in-8. — Les parties honteuses de Robespierre restées aux Jacobins, par Lamberti. *S. l.*, an III, br. in-8.

567. Collection de brochures anciennes et modernes sur l'histoire des provinces de France, entre autres : sur l'Ile-de-France, l'Orléanais, le Maine, le Poitou, la Bretagne, la Normandie, l'Artois, l'Alsace, la Lorraine, la Champagne, le Bourbonnais, le Lyonnais, le Dauphiné, la Provence, le Languedoc, etc.... 65 broch. in-8.

568. Étude historique et topographique sur le plan de Paris de 1540, dit plan de Tapisserie, par Alfred Franklin. *Paris, Aug. Aubry*, 1869, pet. in-8, fac-simile, br.

Tiré à 329 exemplaires.

569. Nouvelles Annales de Paris, jusqu'au règne de Hugues-Capet; on y a joint le poëme d'Abbon (en vers latins) sur le fameux siége de Paris par les Normans en 885 et 886.... avec des notes, par Dom Toussaints du Plessis. *Paris, veuve Lottin, et J.-H. Butard*, 1753, in-4, v. m.

570. Almanach parisien en faveur des étrangers et des personnes curieuses.... *Paris, Duchesne* (1767), in-32, br.

571. Mémoire des ouvrages de maçonnerie faits au château de Compiègne, année 1769 (depuis 1763 à 1769), (par Denis père et fils, entrepreneurs). Gros vol. in-fol. vélin.

Manuscrit du temps, provenant de la collection de M. Alex. Monteil. « J'ai vu, dit-il, en ma vie bien des comptes de maçonnerie ; je n'en ai guère vu d'aussi gros, d'aussi épais. On pourrait en tirer un vocabulaire de l'art.... » (*Traité des matériaux manuscrits...*, tome Ier, p. 65-66.)

572. Promenade ou Itinéraire des jardins d'Ermenonville (par M. de Girardin), auquel on a joint vingt-cinq de leurs principales vues, dessinées et gravées par J. Mérigot fils. *Paris, Mérigot*, 1811, in-8, cart. non rog.

573. Monographie de la cathédrale de Chartres. Atlas, contenant 40 planches in-fol. dans un carton.

574. Nouvelle Histoire de Normandie (par de la Fresnaye) et nouveaux détails sur Guillaume le Conquérant, tirés des plus anciens historiens, terminée par les Amours d'Arlette, par Beneois de Sainte-More. *Versailles, impr. de J.-P. Jalabert,* 1814, in-8, portr., demi-rel. v. f. n. rog. tête dor.

575. Histoire de Normendie (*sic*), contenant les faits et gestes des ducs et princes dudit pays, depuis Aubert.... jusques à la réduction d'iceluy pays à la couronne de France. *On les vend à Rouen, par Martin le Mégissier,* s. d. in-8, demi-rel. vél.

Exemplaire raccommodé et incomplet à la fin.

576. Histoire de Normandie depuis les temps les plus reculés jusqu'à la conquête de l'Angleterre en 1066, par Th. Licquet. *Rouen, Éd. Frère,* 1835, 2 vol. — Histoire de la Normandie sous le règne de Guillaume le Conquérant et de ses successeurs, par G.-B. Depping. *Rouen, Éd. Frère,* 1835, 2 vol.; ensemble 4 vol. in-8, demi-rel. v. gris.

577. Des Insurrections populaires en Normandie pendant l'occupation anglaise au XVe siècle, par M. L. Puiseux. *Caen,* 1851, br. in-4, 24 p. — Siége et prise de Caen par les Anglais en 1417, épisode de la guerre de Cent ans, par M. L. Puiseux. *Caen, Le Gost-Clérisse,* 1858, in-8, 98 pag. br.

578. Stalles de la cathédrale de Rouen, par E.-Hyacinthe Langlois... avec une notice sur la vie et les travaux de E.-H. Langlois, par Ch. Richard. *Rouen, Nicétas Périaux,* 1838, in-8, portr. et 18 planches, br.

579. Essai sur les Énervés de Jumiéges et sur quelques décorations singulières des églises de cette abbaye, suivi du miracle de Sainte Bautheuch, publié.... par E.-Hyacinthe Langlois. *Rouen, Edouard Frère,* 1838, in-8, fig. br.

580. Archives d'Anjou, recueil de documents et mémoires sur cette province, publié.... par Paul Marchegay. *Angers, Ch. Labussière,* 1843-1853, 2 vol. in-8, 2 fac-simile, demi-rel. dos et coins de v. bl. fil. dos orné (le 2e vol. br.).

581. Recueil de dissertations, ou recherches historiques et critiques sur le temps où vivoit le solitaire de Saint-Florent au Mont-Glonne en Anjou; sur quelques ouvrages des anciens Romains découverts en cette province et en Touraine.... par M. de la Sauvagère. *Paris, veuve Duchesne,* 1776, in-8, fig. v. m.

582. Recueil des édits et lettres patentes des rois de France, depuis Charles VI jusqu'à Louis XIV, contenant les dons,

immunitez, franchises et libertez concédez aux marchands fréquentant la rivière de Loyre et autres fleuves et rivières descendans dans icelle. 1 vol. in-8, demi-rel. v.

Recueil de 22 pièces imprimées à Orléans, par Fabian, Gilles et Fr. Hottot, de 1598 à 1678. Recueil rare.

583. Toiles peintes et tapisseries de la ville de Reims, ou la Mise en scène du théâtre des Confrères de la Passion, planches grand in-folio reproduisant les principales scènes des mystères du xve siècle, dessinées et gravées par Casimir Leberthois... Explications historiques, par L. Paris. *Paris, Brulart,* 1843. 2 vol. in-4 et atlas de 32 planches tirées au bistre, dans un carton.

584. La Senonoise au Roy, sur le demembrement de son archevêché, par Daniel Baltazar, Sr de Malherbe, Senonois. *De l'imprimerie de Jean Jacquard, à Troyes,* 1629, in-8, fig. sur bois, non rel.

Pièce en vers, rare et curieuse.

585. Dissertation sur le choix que l'on doit faire entre les principaux projets donnés pour la jonction des deux mers, pour la construction d'un canal en Bourgogne.... par le Sr de Tourterel. *Dijon, chez de Fay,* 1727, in-8, non rel.

586. Histoire abrégée du comté de Bourgogne (avec l'histoire des Francs-Comtois célèbres). *Besançon, Charmet,* 1780, in-12, bas.

587. Histoire des ducs de Bourbon et des comtes de Forez.... par Jean-Marie de la Mure, publiée pour la première fois d'après un manuscrit de 1675 (par M. R. de Chantelauze). *Lyon, impr. de Louis Perrin,* 1860, in-4, br.

Tome Ier.

588. Entrées solennelles dans la ville d'Angoulême, depuis François 1er jusqu'à Louis XIV, recueillies et publiées avec de nombreux éclaircissements, par J.-B. Eusèbe Castaigne. *Angoulême,* 1856, in-8, br.

Tiré à 100 exemplaires.

589. Six Brochures relatives à la ville d'Angoulème et à l'Angoumois, publiées par J.-F. Eusèbe Castaigne.

Essai d'une bibliothèque historique de l'Angoumois.,. *Angoulême, J.-J. Lefraise,* 1847, in-8, pap. de Holl., br. — Recherches sur la maison où naquit Jean-Louis Guez de Balzac, sur la date de sa naissance, sur celle de sa mort. 1846, in-8, portr. lithogr., br. — La Vie de Jean d'Orléans, dit le Bon, comte d'Angoulême, aïeul de François Ier, par Jean du Port, sieur des Rosiers... 1852, in-8, portr. br. — Discours nouveau sur la mode (en vers). *Paris, Pierre Ramier,* 1613, *Angoulême,* 1851, br. in-8, pap. de Holl. — Six chansons populaires de l'Angoumois... annotées. *Angoulême,* 1856, br. in-8.

— Collection de livres introuvables, provenant du cabinet de feu M. Anne-Robert-Jacques Turgot... *Angoulème*, 1856, br. in-8.

Toutes ces brochures sont tirées à CENT exemplaires seulement.

590. Histoire de René d'Anjou, roi de Naples, duc de Lorraine et comte de Provence, par M. le vicomte F.-L. de Villeneuve-Bargemont (1408-1481). *Paris, J.-J. Blaise,* 1825, 3 vol. in-8, pap. vélin, portr. fig. et fac-simile, br.

591. Le Très-Excellent Enterrement du très-hault et très-illustre prince Claude de Lorraine, duc de Guyse et d'Aumale.... faict par Emon du Boullay. *Paris, en la boutique d'Arnould l'Angelier,* 1550, pet. in-8, blasons grav. sur bois, cart.

592. Arrest donné, prononcé et exécuté par monsieur le Président de Mets.... à l'encontre de l'Evesque de Verdun, pour un prétendu Monitoire et excomunication par luy faits à l'occasion de la citadelle bastie audit Verdun. *Paris, Jean Martin,* 1627, pet. in-4, cart.

593. Biographie de la Moselle, ou Histoire de toutes les personnes qui se sont fait remarquer par leurs talents, leurs actions, etc., par E.-A. Begin. *Metz,* 1829, 4 vol. in-8, br.

2. *Histoire des Pays étrangers.*

594. Ducum Brabantiæ Imagines, genealogiæ resq. præclare gestæ ex optimis quibusque historicis concinnatæ, opera Francisci Schotti, Jac. Fil., Antwerpiani. *Apud Joan. Bapt. Vrintium* (s. a.), pet. in-fol. 30 ff. parch.

Manuscrit du dix-septième siècle, probablement autographe et qu'on croit inédit. Ce manuscrit est orné de cartes et des 36 portraits en taille-douce gravés pour la Chronique des ducs de Brabant, de Barland.

595. La Très-Admirable, très-magnifique et triumphante Entrée du très-hault et très-puissant prince Philipes, prince d'Espaignes, fils de l'Empereur Charles V, en la ville d'Anvers, en 1549, descripte en langue latine par C. Grapheus, et depuis traduite en franchois. *Imprimé à Anvers, pour P. Coeck d'Allost, par G. van Diest,* 1550, in-fol., fig. sur bois, vélin blanc, tr. dor. (*Bauzonnet.*)

Ouvrage curieux par les nombreuses et belles figures sur bois qu'il contient. L'exemplaire est rogné à la lettre en tête. De la bibliothèque de M. Sauvageot.

596. Placcart des Archiducqz noz princes souverains sur la provisionelle permission et tolerance du cours des especes et monnoyes d'or en leurs païs de par deça. *En Anvers, chez Hierosme Verdussen,* 1609, pet. in-4, planches de monnaies, cart. — Lettres d'ordonnance des Archiducqz, par

lesquelles est commandé l'entretenement et observance du placcart dernierement publié... *En Anvers, chez Hierosme Verdussen*, 1614, pet. in-4, figures de monnaies, cart. — Ordonnance et placcart du roi sur le faict des monnoyes, contenant les especes, prix et poidz des monnoyes d'or, d'argent et de cuyvre. *En Anvers, chez Hierosme Verdussen*, 1622, in-4, plus. planches de monnaies, cart.

597. Histoire de Genève, par M. Spon, rectifiée et augmentée par d'amples notes. *Genève, Fabri et Barillot*, 1730, 2 vol. in-4, figures, vues gravées et cartes, v. m.

598. Histoire du Gouvernement de Venise, par le sieur Amelot de la Houssaie. *Sur la copie à Paris, chez Fréd. Léonard (Holl., à la Sphère)*, 1677, pet. in-12 frontisp. gr. vél.

Jolie édition, qui se joint à la collection des Elséviers.

599. Cavalerie della città di Ferrara, che contengono il Castello di Gorgoferusa, il Monte di Feronia et il Tempio d'Amore. *Venetia, Dom. et Gio. Batt. Guerra*, 1567, pet. in-8, cart.

600. Descrizione della general idea concepita ed in gran parte effettuata dall' eccel. signore Andrea Memmo... sul materiale del Prato che denomina vasi della Valle... da D. Vincenzo Radicchio... *In Roma, per Ant. Fulgoni*, 1786, in-4, v. f. riches compart. tr. dor.

Belle reliure, aux armes du pape Prᴇ VI. Exemplaire provenant de la vente de Bure.

601. Histoire des révolutions de la ville et du royaume de Naples, jusqu'à la mort du prince de Massa, composée par le comte de Modène. *Paris, Jean Boullard*, 1665, in-12, frontisp. gr., mar. r. fil. côins ornés, tr. dor. (*Rel. anc.*)

602. Vies de Jeanne II, reine de Naples, et de Jacques Attendolo da Cotignola, surnommé Sforza le Grand. *S. l. n. d.*, in-8, v. m.

Manuscrit du dix-huitième siècle, contenant 158 pages d'une bonne écriture. Sur les gardes, en deux endroits différents, se trouvent ces mots : « *Manuscrit inédit, traduit de l'italien.* »

603. Vita dell'illustr..... sig. D. Ferrando Gonzaga, principe di Molfetta..... descritta per Giuliano Gosellini. *In Venetia*, 1579, pet. in-4, v. f. fil. (*armes*).

604. Histoire de l'empereur Charles V, par don Jean-Ant. de Vera et Figueroa..... traduite d'espagnol en françois, par le sieur Du Perron Le Hayer. *Bruxelles, Fr. Foppens*, 1663, pet. in-12, portr. vél.

Jolie édition, que l'on joint à la collection des Elseviers.

605. Mémoires d'Angleterre, contenant l'histoire des Deux Roses, ou les différends des deux maisons royales d'York et de Lancastre. *Amsterdam*, 1726, pet. in-12, v. r. gauf. fil. dos orné, tr. dor. (*Bozérian*.)

606. Manuscrit du prince Louis de Prusse, sur l'histoire des Germains et des Teutons. 1784; in-4 de 140 pages, cart. — Livre de lecture et d'extraits, par le même, 1780-1787, in-4 de 44 feuillets, cart.

Manuscrits autographes du prince Louis de Prusse, qui fut tué à l'affaire de Saalfeld, le 9 octobre 1806. On y a joint une lettre autographe du même en français.

607. Cas merveilleux d'un bastellier de Londres, lequel sous ombre de passer les passans outre la rivière de Thames (Tamise), les estrangloit. *Lyon, par Francoys Arnoullet*, 1586, pet. in-8 de 8 pages, dem.-rel. dos et coins de mar. br.

Plaquette rare.

608. Bulla aurea Caroli IV. *Norimb., Fr. Creusner*, 1474, in-fol. goth. de 24 ff. (dont le dern. est bl.) à 32 lig. par page, dem.-rel. vélin.

Première édition de la Bulle d'or. Bel exemplaire.

609. Mémoires de M. Molesworth, envoyé de S. M. Britannique à la cour de Danemarc, l'an 1692. *Nancy*, 1694, pet. in-8, dem.-rel. dos et coins de mar. r. non rog. (*Bauzonnet*).

Exemplaire de M. DE LA RÉDOYÈRE.

610. Précis des recherches historiques sur l'origine des Slaves ou Esclavons et des Sarmates, et sur les époques de la conversion de ces peuples au christianisme, par Mᵍʳ Stanislave Siestrzencewicz de Bohusz, archevêque de Mohilew..... *St.-Pétersbourg*, 1824, in-4, br. (*Rare.*)

611. P. Gylii de Bosporo (*sic*) Thracio lib. III. *Lugduni Batavor., apud Elzevirios*, 1632, pet. in-12, frontisp. gr. br.

Exemplaire NON ROGNÉ.

612. Relatione del reame di Congo et delle circonvicine contrade, tratta dalli scritti et ragionamenti di Odoardo Lopez Portoghese, per Filippo Pigafetta, con disegni varj di geographia, di piante, d'animali. *Roma, Bartolomeo Grassi*, 1591, in-4, mar. rouge, tr. dor. (*Rel. angl.*)

Titre gravé. 8 figures et une grande carte. Il en manque une. Édition rare.

613. Histoire des Indes, de Jean-Pierre Maffee Bergamesque, où il est traicté de leur descouverte, navigation et conqueste faicte tant par les Portugais que Castillans; ensemble de leurs mœurs, ceremonies, loix, gouvernemens et reduction

à la foy catholique, traduict par F. A. D. L. B. (Franç.
Ant. de La Borie), chanoine et archidiacre de Périgueux.
*Lyon, Jean Pillehotte, 1653, in-8, dem.-rel. (Rogné à la
lettre à la fin ; taches et mouillures.)*

614. Histoire nouvelle du Nouveau Monde, contenant en
somme ce que les Hespagnols ont fait jusqu'à présent aux
Indes occidentales, et le rude traitement qu'ils font à ces
poures peuples..... Extrait de l'italien de M. Hierosme Ben-
zoni..... par M. Urbain Chauveton. *S. l. (Genève) par Eus-
tace Vignon*, 1579, in-8 de 726 pages, cart. (*Quelques mouillures.*)

Le titre annonce une Histoire d'un massacre commis par les Hespagnols
sur quelques François en Floride qui ne se trouve pas dans l'exemplaire.

614 *bis*. Histoire d'un voyage fait en la terre du Brésil, dite
Amérique, contenant la navigation et choses remarqua-
bles.... le comportement de Villegagnon en ce pays-là.....
le tout recueilli par Jean de Lery. *Genève, pour Jean
Vignon*, 1611, in-8, fig. sur bois, mouton vert. (*Incomplet
de la grande carte qui doit se trouver entre les pages* 240 et
241.) *Taches.*

VI. CHEVALERIE. — NOBLESSE.

615. Mémoires sur l'ancienne chevalerie, par M. de la Curne
de Sainte-Palaye. Tome III, contenant : 1° le Vœu du Héron ;
2° la Vie de Mauny ; 3° le Roman des trois chevaliers et de
la Canise ; 4° Mémoires hist. sur la chasse..... *Paris,
Ve Duchesne*, 1781, in-12, v. rac.

616. Le Pas d'armes de la Bergère, maintenu au tournoi de
Tarascon, publié d'après le manuscrit..... par C.-A. Crapelet. *Paris, impr. de Crapelet*, 1828, gr. in-8, jésus vélin,
fac-simile, cart. non rog.

617. Le Combat de seul à seul en camp clos, par messire
Marc de la Beraudière..... ensemble le moyen au gentilhomme d'éviter les querelles et d'en sortir avec son honneur ;
divisé en quatre parties. *Paris, Abel l'Angelier*, 1608, in-4,
cart.

Livre recherché et rare.

618. Discours de la noblesse auquel, par une conférence des
familles de Castille, France et Austrice avec l'Eglise catholique, est découverte l'infamie de l'hérétique, par M. Ferry
de Locre, pasteur de S. Nicolas en Arras. *Arras, Guill. de
la Rivière*, 1605, pet. in-8, v. m. (*Mouillures.*)

Livre rare.

619. Origine des Armoiries, par le R. P. C.-F. Menestrier. *Paris, pour Thom. Amaulry, libr. à Lyon, et se vend chez René Guignard*, 1679, in-12, fig. v. br.

620. Le Véritable Art du blason et la pratique des armoiries depuis leur institution, par le P. C.-Fr. Menestrier. *Lyon, Benoist Coral*, 1671, in-12, nombr. pl. de blasons, v. m.

La marge inférieure du titre a été coupée sous la date.

621. La Nouvelle Méthode raisonnée du blason..... par le P. F.-C. Menestrier. *Lyon, les frères Bruyset*, 1734, in-12, br. non rog.

622. Jeu d'armoiries des souverains et estats d'Europe, pour apprendre le blason, la géographie et l'histoire curieuse..., par Oronce Finé, dit de Brianville. *Lyon, Benoist*, 1665, pet. in-12, v. br.

623. Tablettes de Themis, contenant la succession chronologique, avec le blason des armes des chanceliers, gardes des sceaux, secrétaires d'État..... présidents, chevaliers d'honneur, avocats..... depuis 1700..... (par Chasot de Nantigny). *Paris, Legras*, 1755, 2 part. en 1 vol. in-24, v. m. — L'Europe ecclésiastique, ou Etat du clergé..... La cour de Rome..... Le clergé de France, de Paris, etc. (par l'abbé de Malvaux). *Paris, Duchesne*, 1757, pet. in-12, v. m.

VII. ARCHÉOLOGIE. — HISTOIRE LITTÉRAIRE.

624. Origine des postes chez les anciens et chez les modernes, par monsieur Lequien de la Neufville. *Paris, Pierre Giffart*, 1708, in-12, v. f.

625. Les Illustres Observations antiques du seigneur Gabriel Syméon Florentin, en son dernier voyage d'Italie, l'an 1557. *Lyon, par Jean de Tournes*, 1558, pet. in-4, portr. sur le titre, figures sur bois, v. f. fil.

Ouvrage curieux, orné de charmantes figures sur bois du Petit Bernard.

626. Description d'un pavé en mosaïque découvert dans l'ancienne ville d'Italica, aujourd'hui le village de Santiponce, près de Séville; suivie de recherches sur la peinture en mosaïque chez les anciens, par Alexandre de Laborde. *Paris, impr. de P. Didot l'aîné*, an X, 1802, gr. in-fol. pap. vél. fort, figures color. dem.-rel. mar. v. non rog.

Tiré à 160 exemplaires.

627. Summaire, ou Epitome du livre de Asse, fait par le commandement du roy, par maistre Guillaume Budé. *Paris, Gilles Corrozet*, 1538, pet. in-8, goth. bas.

628. Notice des monuments exposés dans le cabinet des médailles et antiques de la Bibliothèque du Roi..... par M. Dumersan. *Paris*, 1822, in-8, avec 42 planches grav., cart. non rog. — Histoire du cabinet des médailles, antiques et pierres gravées avec une notice sur la Bibliothèque royale..... par Marion Du Mersan. *Paris*, 1838, in-8, br.

629. Kœhlers (J. D.) Historische Muenz-Belustigungen. *Nuernberg*, 1729-1765, 24 tom. en 23 vol. in-4, fig. vélin. (*Complet.*)

Ouvrage estimé sur la numismatique, et dout les exemplaires complets sont peu communs. Vendu chez M. E. Quatremère 102 fr.

630. Recueil des planches de la Description de médailles antiques, grecques et romaines, de T.-E. Mionnet (avec une longue table explicative). *Paris, impr. de Testu*, 1808, in-8, 79 planches, v. f. dent. dos orné.

631. Recueil de monnaies et de médailles. Monnaies gauloises, autonomes, provinces, villes, nations et chefs. — Monnaies gallo-romaines, wisigothes, arabes. — Monnaies de France, première et seconde race des rois francs. — Monnaies locales de France..... jusqu'à 1833; assignats, etc..... 7 vol. in-4, v. v. hist. et dem.-rel. v. r. et v. br.

Recueil factice de nombreuses figures de monnaies et médailles, avec des explications manuscrites de P. Conbrouse, dont la signature se trouve sur l'un des volumes et ses initiales sur trois autres. Ce recueil lui a servi probablement à publier son *Catalogue raisonné des monnaies nationales*. Ce recueil contient en outre plusieurs opuscules du marquis de Lagoy sur les monnaies.

632. Recueil de pierres gravées, antiques (par Mariette). *Paris, de l'impr. de P.-J. Mariette*, 1732, in-4, 101 planches, parch.

633. Historia de la literatura española, escrita en aleman por F. Bouterwek, traducida al castellano y adicionada por D. José Gomez de la Cortina y D. Nicolas Hugalde y Mollinedo. *Madrid, D. Eusebio Aguado*, 1829, pet. in-4, 7 fac-simile de manuscrits, dem.-rel. v. f.

Traduction estimée. Premier volume, seul paru.

634. Nouveau Traité de diplomatique..... par deux religieux bénédictins (dom Ch.-Fr. Toustain et dom Tassin). *Paris, Guill. Desprez*, 1750-65, 6 vol. in-4, nombr. planch. v. m.

Les reliures des six volumes sont différentes.

635. Dictionnaire raisonné de diplomatique, contenant les règles..... pour servir à déchiffrer les anciens titres, diplômes et monuments..... par dom de Vaines. *Paris, Lacombe*, 1774, 2 vol. in-8, nombr. pl. de signes et caract., v. m.

Exemplaire de M. Ch. Sauvageot.

636. Isographie des hommes célèbres, ou collection de fac-simile de lettres autographes et de signatures (publiée par H. de Châteaugiron, S. Berard, et autres). *Paris, Alex. Mesnier*, 1828-1830, 3 vol. in-fol. dem.-rel. v. v. non rog.

Exemplaire auquel on a joint plusieurs pièces, fac-simile d'autographes, et deux dessins au crayon de la maison où est né Racine et de l'église où il a été baptisé, à la Ferté-Milon.

637. De la Bibliothèque de l'Ecole des chartes. *Paris*, 1840-1852; en livraisons.

Savoir : Première série. Tome Ier, 6e livr. — Tome II, 6e livr. — Tome V^e, complet. — Deuxième série. Tomes Ier, IIe, IIIe, IVe, complets. Tome V^e, livraisons 1, 2, 3 et 4. — Troisième série. Tome Ier, livrais. 1, 2, 4, 5 et 6. Tome IIe, complet. Tome IIIe, livrais. 1, 3, 4 et 6. Tome IVe, livr. 1, 2, 3 et 4.

638. Dictionnaire de sigillographie pratique, contenant toutes les notions propres à faciliter l'étude et l'interprétation des sceaux du moyen âge, par Alph. Chassant et P.-J. Delbarre. *Paris, J.-B. Dumoulin*, 1860, in-12, contenant 16 planches gr. br.

VIII. BIOGRAPHIE.

639. Johannis Bocacii de Certaldis (*sic*) historiographi de casibus virorum illustrium libri ix (*Argentorati, Georgius Husner, circa* 1475). — Liber Johannis Boccaccij de Certaldo de preclaris mulieribus. *Ibid.*, 1473, in-fol. rel. en vél.

Première édition, fort rare, du premier des deux ouvrages, et seconde du *Liber de preclar. mulieribus*.
Beaux exemplaires de Renouard.

640. Les Vies des hommes illustres, grecs et romains,..... par Plutarque de Chéronée, translatées par M. Jacques Amyot..... *S. l., par Guill. de Laemarie*, 1594, 2 vol. in-8, portraits. — Les Œuvres morales (et les Œuvres meslées) de Plutarque, translatées de grec en françois (par le même). *S. l., de l'impr. de Jacob Stoer*, 1595, 2 vol. in-8; ensemble 4 gros vol. in-8, vél.

Exemplaire grand de marges. Légers raccommodages à quelques feuillets.

641. Les Vies des hommes illustres de Plutarque, nouvellement traduites de grec en françois par l'abbé Tallemant. — Tables géographiques pour les Vies des hommes illustres, par le R. P. Lubin. *Bruxelles, Fr. Foppens*, 1667 (1681), 9 vol. in-12, v. br.

Les deux premiers volumes portent le titre : *l'Élite des vies des hommes illustres...*, sous lequel ils avaient été publiés séparément en 1666.
Ouvrage rare de cette édition, qui se joint à la collection des Elsevier.

642. Le Vite delli più celebri et antichi primi poeti provenzali che florirono nel tempo delli Re di Napoli et Conti di
Provenza..... raccolte..... in lingua francese da Gio. di
Nostra Dama, et hora da Gio. Guidici in italiana tradotte..... *In Lione, appresso d'Alessandro Marsilii*, 1575,
pet. in-8, vél.

643. Mémoires de messire Pierre de Bourdeille, seigneur de
Brantôme. *Leyde, Jean Sambix, à la Sphère (Bruxelles,
Foppens, et Hollande)*, 1665-1666, 8 tom. en 6 vol. pet.
in-12, vél.

Ces mémoires sont ainsi composés : *Vies des dames illustres de France*,
1665, 1 vol. — *Vies des dames galantes*, 1666, 2 vol. — *Vies des hommes
illustres et grands capitaines françois*, 1666, 4 tom. en 2 vol. — *Vies des
hommes illustres et grands capitaines estrangers*, 1665, 1 vol.
Le premier volume des *Dames galantes* manque.

644. Mémoires de..... Brantôme, contenant les vies des
hommes illustres et grands capitaines françois de son temps.
Leyde, J. Sambix, à la Sphère (Brux, Foppens), 1666,
4 tom. en 2 vol. pet. in-12, vél.

645. Geofroy Tory, peintre et graveur, premier imprimeur
royal, réformateur de l'orthographe et de la typographie
sous François Ier, par Aug. Bernard. *Paris, Edwin Tross*,
1857, in-8, fig. dem.-rel. v. bl.

646. Essai sur François Hotman, par Rodolphe Dareste.
Paris, Aug. Durand, 1850, in-8, br. — Notice sur les registres manuscrits du Parlement de Paris, par M. A.-H.
Taillandier. *Paris, impr. de Duverger*, 1835, br. in-8.

647. Notice sur Pierre de Brach, poète bordelais du xvie siècle, par Reinhold Dezeimeris. *Paris, Aug. Aubry*, 1858,
in-8, beau portr. gr. sur papier de Chine, d'après Th. de
Leu, br.

648. Tabourot, seigneur des Accords, esquisse biographique
et littéraire, par J.-P. Abel Jeandet. *Paris, Aubry*, 1861, br.
in-8. (*Tirage à part à 50 exemplaires.*) — Notice sur Claude
Rabet, poète chartrain du xvie siècle, par M. E. de Lépinois. *Chartres, Petrot-Garnier*, 1861, in-8, br. — Recherches sur les noms véritables des dames chantées par les
poètes français du xvie siècle, par Prosper Blanchemain.
Paris, Aug. Aubry, 1868, br. in-8. (*Tirées à petit nombre.*)

649. J.-F. Payen (le D^r). Nouveaux Documents inédits ou peu
connus sur Montaigne, recueillis par le Dr J.-F. Payen.
Paris, P. Jannet, 1850, in-8, 2 pl. de fac-simile, br. —
Documents inédits sur Montaigne, n° 3. *Paris, P. Jannet*,
1850, in-8, fac-simile, br. — Recherches sur Montaigne,

n° 4. Examen de la vie publique de Montaigne, par
M. Grünn. Lettres et remontrance..... Bourgeoisie romaine..... *Paris, J. Techener,* 1856, in-8, plans et fac-
simile, br.

Brochures tirées à très-petit nombre.

650. Les Hommes illustres qui ont paru en France pendant
ce siècle, avec leurs portraits au naturel, par Ch. Perrault.
Paris, Ant. Dezallier, 1696, 2 part. en 1 vol. in-fol. frontisp.
et nombr. portr. gr. par Edelinck et autres, dem.-rel.

Bonnes épreuves.

651. Testament de madame de Verrue, par M. Pierre Des-
champs. (Extrait de la *Gazette des Beaux-Arts.*) *Paris,*
1864, gr. in-8, br.

Tiré à très-petit nombre, sur papier de Hollande.

652. Notice sur M. Daunou, par M. B. Guérard, suivie d'une
notice sur M. Guérard, par M. N. de Wailly. *Paris, Dumoulin,* 1855, in-8, portr. demi-rel. mar. v.

653. Histoire de la vie et des ouvrages de J. de la Fontaine,
par C.-A. Walckenaer. *Paris, A. Nepveu,* 1824, in-8, portraits et fac-simile, br.

654. Dissertation sur la femme de Molière (par le marquis
de Fortia). *Paris, impr. de Lebègue,* 1824, br. in-8.

IX. BIBLIOGRAPHIE.

656. Dictionnaire raisonné de Bibliologie, contenant l'explication des principaux termes relatifs à la bibliog..phie, à
l'art typographique, à la diplomatique, aux langues, etc.;
par G. Peignot (avec un supplément). *Paris, Renouard*
(*impr. à Vesoul*), 1802-1804, 3 vol. in-8, bas.

Exemplaire de M. Brunet, contenant quelques notes de sa main sur des
feuillets détachés.

657. Soixante brochures in-8 et in-4, sur les bibliothèques
publiques et les archives, en particulier sur celles de Paris,
Fontainebleau, Moulins, Grenoble, etc..., par MM. Vitet,
Barbier, Champollion-Figeac, Raoul-Rochette, Abel-Ré-
musat, Libri, Benj. Delessert, B. Gonod, Paul Lacroix,
Paulin Paris, Clovis Michaux, etc.

658. Imprimeurs imaginaires et libraires supposés, étude
bibliographique, suivie de recherches sur quelques ouvrages imprimés avec des indications fictives de lieux ou
avec des dates singulières, par Gustave Brunet. *Paris, Tross*
(*impr. de D. Jouaust*), 1866, in-8, br.

659. Dissertatio historico-juridica, de juribus typographorum et bibliopolarum in regno Belgico.... auctore Johan. Tib. Bodel Niemhuis. *Lugduni Batavorum, apud S. et J. Luchtmans*, 1819, in-8, demi-rel. (*Envoi d'auteur à MM. de Bure*).

660. Joh. Henrici Hottingeri Bibliothecarius quadripartitus. *Tiguri, sumptibus Melchioris Stauffacheri*, 1664, in-4, portr. vél. vert.

I. De Officio bibliothecarii et bibliothecis. — II. De Theologia biblica. — III. De Theologia patristica. — IV. De Theologia topica, symbolica et systematica, etc.

661. Aperçu sur les erreurs de la bibliographie spéciale des Elzévirs.... par Ch. Motteley. *Bruxelles, Mayer et Flataen*, 1848, in-18, br. (*Tiré à 200 exemplaires.*)

662. Annales de l'Imprimerie elsevirienne, ou Histoire de la famille des Elseviers et de ses éditions, par Charles Pieters. *Gand, chez C. Annoot-Bracckman*, 1851, in-8, demi-rel. v. ant. non rog.

663. Bibliothèque curieuse et instructive de divers ouvrages anciens et modernes de littérature et des arts (par le P. Cl.-Fr. Menestrier). *Trévoux, et se vend à Paris, chez Jean Boudot*, 1704, 2 part. en 1 vol. pet. in-12. (*Rare.*)

664. CHARLES NODIER. Recueil des articles de bibliographie ou de philologie publiés par Ch. Nodier dans la 1re année du *Bulletin du bibliophile*, 1834 à décembre 1835, 19 pièces en 1 vol. in-8. — Bulletin du Bibliophile, 1re année 1834-35, 1 vol.; ensemble 2 vol. in-8, demi-rel. mar. v.

665. Analectabiblion, ou extraits critiques de divers livres rares, oubliés ou peu connus, tirés du cabinet du marquis D. R*** (par le marquis du Roure). *Paris, Techener*, 1836, 2 vol. in-8, demi-rel. v. f.

666. Nouveau Recueil d'ouvrages anonymes et pseudonymes, par M. de Manne. *Paris, Gide*, 1834, in-8, demi-rel. v. ant.

667. Dictionnaire des livres jansénistes, ou qui favorisent le jausénisme (par le P. de Colonia, jésuite). *Anvers, J.-B. Verdussen*, 1755, 4 vol. in-12, frontisp. gr. v. m.

668. Bibliographie des principaux ouvrages relatifs à l'amour, aux femmes, au mariage.... par M. le C. d'I***. *Paris, Jules Gay*, 1861, in-8, br.

669. Répertoire bibliographique universel, contenant la notice raisonnée des bibliographies spéciales publiées jusqu'à ce jour.... par Gabriel Peignot. *Paris, Ant.-Aug. Renouard*, 1812, gros in-8, br.

670. Sur la Bibliothèque historique de la France, par le P. Lelong, publiée par Fevret de Fontette, Barbeau de la Bruyère, etc... (par Paul L. Jacob, Paul Lacroix). *Paris, Techener*, 1838, br. in-8. (*Tirée à 50 ex.*) — Liste de portraits omis dans le P. Lelong, collection possédée et décrite par Soliman Lieutaud. *Paris*, 1844, br. in-8.

671. Dictionnaire des manuscrits, ou Recueil de catalogues de manuscrits existant dans les principales bibliothèques d'Europe, concernant plus particulièrement les matières ecclésiastiques et historiques, par M. X***, publié par M. l'abbé Migne. *Paris, J.-P. Migne*, 1853, 2 vol. in-4 à 2 col. br.

672. Notice sur la bibliothèque d'Aix, dite de Méjanes, précédée d'une histoire littéraire sur cette ville, sur ses monuments, etc..., par E. Renard. *Paris, F. Didot, et Aix, Aubin*, 1831, in-8, portr. br.

673. Notices historiques et critiques sur deux manuscrits uniques et très-précieux de la bibliothèque de M. le duc de la Vallière, dont l'un a pour titre : *la Guirlande de Julie*, et l'autre, *Recueil de fleurs et insectes, peints par Daniel Rabel en* 1624 ; par M. l'abbé Rive. *Paris, impr. de Didot l'aîné*, 1779, in-4, cart.

674. Catalogus bibliothecæ Thuanæ, a Petro et Jac. Puteanis, Ismaele Bullialdo digestus... editus a Josepho Quesnel. *Parisiis, apud Dom. Levesque*, 1679, 2 vol. in-8, v. m. fil.

675. Catalogus librorum bibliothecæ illustriss. viri Caroli Henrici comitis de Hoym... *Parisiis, apud Gabriel. Martin*, 1730, in-8, demi-rel. v. br.

676. Catalogue des livres de la bibliothèque de feu M. de Selle. *Paris, Barrois et Davitz*, 1761, in-8, v. gr. (*Prix d'adjudication à la main.*)

677. Catalogue des livres du cabinet de M. (Gros) de Boze. *Paris, G. Martin*, 1753, in-8, parch. non rog. — Catalogue des livres provenant de feu M. G. (Gros de Boze). *Paris, G. Martin*, 1754, in-8, cart. n. r. (*Prix à la main.*)

678. Catalogue des livres de la bibliothèque de feu François-César Le Tellier, marquis de Courtanvaux. *Paris, Nyon*, 1782, in-8, bas. (*Prix à la main.*)

679. Catalogue des livres de feu M. *** (Belin, libraire). *Paris, De Bure*, 1810. — Du cabinet de M. *** (le prince de Talleyrand). *Paris, De Bure*, 1811, — de M. *** (Becheu). *Paris, De Bure*, 1812. — de M. *** (Macedo). *Paris, De Bure*, 1812. — Catalogue des divers ouvrages conservés au

dépôt de l'Imprimerie impériale (vendus le 25 juin 1812).
Paris, 1812, en 1 vol. in-8, cart. non rog.

Exemplaire de De Bure, avec les prix à la main.

680. Catalogues des livres rares, précieux et très-bien con-
ditionnés du cabinet de M. Firmin Didot. *Paris, De Bure*,
1810, in-8, cart. (*Ex. en papier vélin.*) — Catalogue de la
bibliothèque de feu M. le comte D. Boutourlin. *Paris, Sylvestre*, 1839, in-8, demi-rel. dos de toile. (*Première partie*).

681. Catalogue des livres la plupart rares et précieux.... de
M. le marquis de Ch.*** (de Châteaugiron). *Paris, J.-S.
Merlin*, 1827, in-8, demi-rel. v. f. dos orné. (*Prix d'adju-
dication à la main*).

682. Catalogue of the... library of P.-A. Hanrott.... (*London*),
1833, 5 part. en 1 vol. in-8. cart.

Avec tous les prix à la main.

683. Catalogue analytique des archives de M. le baron de
Joursanvault.... *Paris, J. Techener*, 1838, 2 tom. en 1 vol.
in-8, 2 pl. de fac-simile, demi-rel. mar. v.

684. Catalogue de la précieuse bibliothèque de M. L. C. (Léon
Cailhava) de Lyon. *Paris, J. Techener*, 1845. — Catalogue
des collections de feu M. Toussaint Grille d'Angers... antiquités, curiosités, objets d'art... belle bibliothèque. *Angers*,
1851; en 1 vol. in-8, cart. dos de toile, non rog. (*Trautz-
Bauzonnei.*)

685. Catalogue des livres composant le fond de librairie de
feu M. Crozet.... Seconde partie, contenant les raretés bibliographiques et les belles reliures. *Paris, Colomb de Ba-
tines*, 1841, gr. in-8, br. (*Prix d'adjudication à la main.*)

Exemplaire en grand papier de Hollande.

686. Catalogue raisonné d'une collection de livres, pièces et
documents, manuscrits et autres pièces, relatifs aux arts de
peinture, sculpture, gravure et architecture, par M. Jules
Goddé. *Paris, L. Potier*, 1850, in-8, demi-rel. dos et coins
de mar. v. fil. tête dor. non rog. chiffres. (*Schavye.*)

687. Catalogue des livres.... de M. R. T. L. *Paris, L. Potier*,
1850. — de M. de Pont-Laville. *Paris, J. Techener*, 1850.
— de feu M. de Saint-Albin. *Paris, J.-F. Delion*, 1850; —
en 1 vol. in-8, demi-rel. v. f.

Prix à la main, au crayon, sur les deux premiers catalogues.

688. Catalogue de livres provenant des bibliothèques du feu
roi Louis-Philippe. Bibliothèques du Palais-Royal et de
Neuilly. 1re partie. *Paris, L. Potier*, 1852, in-8, cart. non
rog. (*Trautz-Bauzonnet*).

Exemplaire en papier fort.

689. Catalogue des livres rares et précieux de la bibliothèque de feu M. J.-L.-A. Coste. *Paris, L. Potier*, 1854, in-8, br.

Exemplaire en papier de Hollande, avec les prix d'ajudication à la main.

690. Catalogue de mes livres (de M. Yemeniz, de Lyon). *Lyon, impr. Louis Perrin*, 1865-66, 3 vol. in-4, pap. teinté, br.

Tiré à petit nombre.

691. Catalogue de la bibliothèque de M. N. Yemeniz... précédé d'une notice par M. Le Roux de Lincy. *Paris, Bachelin-Deflorenne*, 1867, 2 vol. gr. in-8, br.

Exemplaire en grand papier de Hollande, avec la table des prix d'adjudication.

---

692. Cronica breve de i fatti illustrati de' re di Francia, con le loro effigie dal naturale cominciando da Faramondo... sino à Henri IIII. *In Venetia, appresso Bern. Giunti*, 1597, in-fol. 64 portraits, plus 2 portr. ajoutés (Louis XIII et Louis XIV). — Cronica breve de' fatti illustri de gli imperatori di casa d'Austria. *In Venetia, appr. B. Giunti*, 1598, 11 portr. — Cronica breve de' fatti illustri de gli imperatori di Turchi. *In Venetia, B. Giunti*, 1598, 14 portr.; en 1 vol. in-fol. vél.

Le volume commence par l'ouvrage intitulé : *Delle Corone de' principi christiani, di D. Michel Louigo da Este. In Roma, appresso Guglielmo Facciotti*, 1601, in-fol.

693. Abrégé de l'histoire des roys de France, avec des effigies, depuis Pharamond jusques au roy Louis XIII (publ. par Jean Le Clerc). *Rouen, Jean Petit*, 1611, pet. in-8, nombr. portr. grav. sur bois, parch.

FIN.